첫 글자를 알면 성경이 보인다

개정 증보판

첫 글자를 알면 성경이 보인다

초판 1쇄 발행 2024년 04월 01일

지은이 백상화
펴낸이 장현수
펴낸곳 메이킹북스
출판등록 제 2019-000010호

디자인 최미영
편집 최미영
교정 강인영
마케팅 김소형

주소 서울특별시 구로구 경인로 661, 핀포인트타워 912-914호
전화 02-2135-5086
팩스 02-2135-5087
이메일 making_books@naver.com
홈페이지 www.makingbooks.co.kr

ISBN 979-11-6791-518-4(03320)
값 18,000원

첫 글자를 알면 성경이 보인다

백상화 지음

메이킹북스

추천의 글

이 책은 성경의 내용을 암기하도록 돕는 책이지만 암기라는 목표를 뛰어넘어 하나님의 말씀을 마음에 두려는 목적을 가지고 있습니다. 이 책을 통해 단순한 암기를 넘어 하나님의 말씀을 더 깊이 사랑해가고 예수를 더 많이 닮아가는 은혜가 있길 축복합니다.

대전 대덕교회 유재경 담임목사

성경을 평생 곁에 두고도 누군가에게 소개하기를 주저한다면 안타까운 일입니다. 말할 수 있는 자신감은 믿고 아는 바가 정리되어 있을 때입니다. 그런 점에서 《첫 글자를 알면 성경이 보인다》는 성도들에게 영적 자신감을 심어줄 수 있는 귀한 책이자 도구입니다. 이 책을 통해 성경에 대해 주저 없이 말할 수 있는, 자신감 넘치는 그리스도인으로 거듭나시길 축복합니다.

대전 대덕교회 성인교육부 서평화 목사

《첫 글자를 알면 성경이 보인다》는 성경을 뜨겁게 사랑하는 한 신실한 평신도에 의해서 개발되었습니다. 그래서 매우 신선한 책입니다. 본서는 성경의 뼈대를 첫 글자를 따서 재미있게 암송함으로써 성경 각 권과 전체를 효율적으로 이해할 수 있도록 도와주는 탁월한 지침서입니다. 특히 성경 통독과 성경 일독에 좋은 길잡이가 됩니다. 본서를 기쁨으로 추천합니다.

태안 사귐의 공동체 김현진 담임목사(원장)

히말라야 에베레스트 같은 최고봉의 산을 오르려면 셰르파 즉 안내자가 반드시 필요합니다. 성경이라는 큰 산을 오를 때 이 《첫 글자를 알면 성경이 보인다》 책이 아주 귀한 가이드 역할을 해 줄 것입니다. 한 걸음 한 걸음 믿고 따라 가십시오. 정상의 기쁨을 맛보게 될 것입니다.

평택 양무리교회 박한수 담임목사

《첫 글자를 알면 성경이 보인다》는 성경을 있는 그대로 정리, 요약, 암송할 수 있는 매우 유익한 책입니다. 매일 하나님의 말씀을 읽고, 알기 원하는 그리스도인들에게 이 책이 큰 도움이 되리라 생각합니다. 살아계신 하나님의 말씀을 읽을수록 하나님과 가까워지고, 그 말씀을 암송하여 내 것으로 간직할 때 삶의 모든 순간에 말씀대로 살아갈 수 있는 재산이 됩니다. 《첫 글자를 알면 성경이 보인다》는 성경을 나의 영적 자산으로 만들어주는 데 매우 탁월한 책입니다. 특별히 개정 증보판은 한번 암기한 성경의 내용 들을 잊지 않게 만들어주는 탁월한 학습법이라고 생각합니다. 성경을 그냥 읽고 지나가는 것이 아니라, 나의 마음 판에 새기게 하는 《첫 글자를 알면 성경이 보인다》가 많은 지식과 이야기들이 넘쳐나는 현대 사회 속에서 하나님의 말씀을 붙잡고 살아가기 바라는 성도님들께 귀하게 쓰임 받을 것이라 기대합니다.

역사신학 박사(Ph.D), 서울 성북교회 홍용훈 담임목사

크리스천들의 특징을 "책의 사람들"이라고 합니다. 여기에서 책이란 당연히 하나님의 말씀인 성경을 말합니다. 저자는 하나님을 너무도 사랑하기에 그 책을 통으로 취하길 원합니다. 주님을 믿고 따르는 주님의 사람들과 함께 송이꿀보다 더 단 말씀을 암송하고 묵상하고 싶어 합니다. 그 마음이 본서의 행간에 절절하게 묻어나고 있기에 이 책을 강력히 추천합니다.

대전 함께하는 교회 시니어 담당사역자 황태연 목사

하나님께서 돌판에 십계명을 새겨 모세의 두 손에 쥐어 주셨습니다. 그처럼 하나님의 말씀을 우리의 마음판에 새겨 넣도록 해주는 지혜의 책입니다. 이 책이 한국교회가 예수 그리스도의 강력한 군대로 무장하는데 귀하게 활용되길 축원합니다.

대전 행복이 넘치는 교회 한충원 담임목사

《첫 글자를 알면 성경이 보인다》는 성경에 가득한 보배들을 잘 꿰어서 요약 정리할 뿐 아니라 오래 동안 잊지 않고 기억할 수 있도록 하는 재미있는 팁들을 제공합니다. 성도님들이 성경을 읽거나 공부할 때 옆에 두고 활용한다면 성경 전체에 대한 체계를 잡을 수 있고 삶 속에서 기억하고 행할 수 있습니다. 또한 성경말씀을 가르치고 전할 거룩한 사명감을 느끼는 성도님들에게도 많은 유익을 줄 것으로 생각합니다.

대구 삼성연합치과의원 박국필 대표원장

백상화 장로님이 각고의 노력 끝에 저술한 《첫 글자를 알면 성경이 보인다》는 성경의 암송이 어려운 일반 성도들에게 매우 필요한 책입니다. 이 책은 성경 주요 핵심어로 뼈대를 세우고 그 위에 살을 붙이는 방식으로 이해를 도와 평신도가 성경을 아주 쉽게 이해하고 외우도록 이끌어주는 등대 역할을 해 줍니다. 이런 점에서 나는 이 책을 꼭 읽어보기를 추천합니다.

중앙대 동물생명공학과 방명걸 교수

나이가 들어서 공부를 위해 영어도 잘못하는 상황에서 미국에 처음 왔을 때 미국 문화에 적응하기란 매우 힘든 일이었고, 그 영어를 극복하기 위하여 모태 신앙으로 자라왔던 나에게 있어서는 제일 먼저 교회를 찾을 수밖에 없었는데, 무작정 믿음으로 미국인 교회의 문을 두드렸던 기억이 지금도 생생합니다. 영어도 못하는데 미국 문화의 다른 점도 모른 채 미국인 교회에서 적응하기란 더더욱 힘들었던 기억이 지금도 가슴 한 편에 남아있습니다. 그런 가운데 한국에 있는 동안 성경을 통독하면서 성경의 내용에 익숙해져 가고 모르는 영어라도 성경 전체의 내용을 파악하고 있어서, 서투른 영어라도 신앙 간증을 미국인 교회에서 함께 나누었을 때 체험한 하나님의 은혜는 지금도 생각할 때마다 가슴 벅차오릅니다. 어떠한 문화 속에 들어가더라도 그 문화 속에서 공통분모를 발견하고 적응하는데 가장 빠른 방법이 있다면 현지인 교회 속에서 예수 그리스도의 신앙 가운데 성경 말씀을 통하여 그 문화의 차이를 극복해 가는 것일 거라 생각됩니다. 이러한 관점에서 이 책은 우리가 성경을 읽으면서 성경의 뼈대를 이해하고 간직하고 있다면 같은 신앙 공동체에서 말씀을 서로 나누며 공감대를 형성하는 데 큰 도움이 될 것이라 확신합니다. 늘 성실하고 열심이었던 저자를 보아 온 사람으로서 이 책을 접했을 때 하나님의 말씀에 대해 얼마나 사랑하고 있는지를 느낄 수 있어서 오히려 하나님께 감사의 기도를 드렸습니다. 이 책을 통하여 많은 신앙의 동역자들이 성경의 뼈대를 알고 살을 붙여 가는 가운데 우리 주님 예수 그리스도의 은혜와 아버지 하나님의 사랑을 보혜사 성령 하나님을 통하여 깊이 체험하는 계기가 되기를 우리 주님 예수 그리스도의 이름으로 기도합니다.

미국 켄터키 푸른초장침례교회 (Green Acres Baptist Church)

앤드류 안 안수집사

저자는 평생을 교회를 위해 봉사하며 사회에서도 야학에서 학생을 가르치는 등 신실한 삶을 살았습니다. 그 신실함의 근원은 성경사랑입니다. 날마다 성경을 묵상하고 암송하는 삶을 살았습니다. 이 책은 저자가 성경을 사랑하여 더욱 알아가고자 하는 마음이 담긴 책입니다. 제가 신대원 학생 때 구약학 교수님은 두 가지가 중요하다고 강조하셨습니다. 첫째는 성경내용 자체를 잘 알아가는 것입니다. 둘째는 성경내용을 바르게 이해하고 풀이하는 일입니다. 이 책은 전자처럼 성경내용을 잘 알아가고 숙지하는 데 큰 도움을 주었습니다. 다시 성경으로 돌아가는 말씀을 깊이 알아 가는데 유익한 도움이 되시기를 축복합니다.

17사단 충성교회 유경수 담임목사

이 책의 원리로 '그 밥값 누가 낼겨?'를 암송하면, 천국의 7가지 비유가 마음에 새겨지는 것을 경험합니다. 말씀에 기록된 천국의 소중한 원리와 적용점을 삶 가운데서 잊지 않고, 말씀을 붙잡아 주님과 동행하기 원하는 모든 성도님들에게 이 책을 추천합니다. 특히 말씀으로 한국 교회의 미래를 열어갈 어린이와 청소년, 청년에게 추천합니다. 아울러 태초부터 계신 이를 아는 아비들이 다음세대에게 그 말씀의 비밀과 지혜를 전달하는 데 귀하게 쓰임 받는 책이 되기를 소망합니다.

군수사령부 칠성대교회 최용훈 담임목사

목차

목차

신약이야기

개정증보판을 내며

21년 1월 5일, 《백성소통법》이란 성경 통독 및 암송책을 발간하면서 본인은 하나님의 말씀인 성경 전체를 조금이나마 조명할 수 있는 계기가 되었습니다. 거의 40년간 신앙생활을 하며 대학 시절 IVF(한국기독학생회) 리더 훈련과 교회 성경통독훈련, 그 수많은 목사님들의 설교를 들었음에도 구약과 신약이 어떻게 구성되어 있고 어느 성경에는 무슨 내용이 있는지 정확히 몰랐던 본인에게는 그 무엇보다도 책 발간은 복잡하고 혼란스러웠던 머릿속의 하나님의 말씀을 정리 요약할 수 있었던 보람되고 행복한 순간이었습니다. 책을 집필하기 위해 참고로 했던 복음주의 목회자님들, 신학자들의 약 50권 이상의 서적들은 저 자신에게는 하나님을 아는 지식에 한 단계 점프할 수 있었던 너무 좋은 지침서였습니다.

저 개인적으로는 상기와 같은 유익과 보람이 있었으나 정작 제가 책을 집필한 이유는 다른 데 있었습니다. 성경 통독을 하는 많은 성도님들이 1년이든, 6개월이든 교육 훈련 이후에 약 1주일 정도 지나면 머릿속에 기억하고 있는 성경 내용이 희미해진다는 사실을 알게 되었습니다. 오랜 기간 하나님의 말씀을 가슴과 머리에 머물게 할 수 있는 방법은 없을까? 가슴 판에 새기는 방법은 없을까? 고민한 끝에 초판인 백성소통법이란 책을 발간하게 되었습니다. 그럼 왜 가슴과 머리에 오랜 기간 머물게 해야 하느냐? 라는 질문을 할 수 있습니다. 부모님들이 복된 길로, 안전한 길로, 또는 넘어지더라도 일어설 수 있는 길로 안내하기 위하여 자녀들에게 끊임없이 당부하시는 말씀이 있습니다. 당부하신 말씀을 지키려면 가슴과 머리에 오랫동안 머물러 있어야 하듯이 성경도 마찬가지입니다. 오히려 성경은 우리의 생명의 주관자이신 하

나님의 말씀이니 더 주의 깊게 기억하고 마음 판에 새겨야 합니다.(잠언 3장 3절)

그런데 1차 책을 발간한 이후 성경을 기존보다 더 자세히 통독을 하며 더 쉽게 암송할 수 있는 문장과 방법들이 머리에 떠오르기 시작했습니다. 그리고 사복음서에 나오는 예수님의 행적에 대해 좀 더 보강을 해야겠다고 마음을 먹었습니다. 하나님의 말씀은 묵상할 때마다 새로운 은혜와 감사를 체험하게 합니다. 하나님이 주시는 풍성한 은혜와 복을 같이 나누길 원합니다. 값없이 우리 죄를 사하시고 죄도 없으신 예수님이 우리를 위해 십자가에 돌아가심은 우리도 그렇게 살아가야함을 먼저 보여주신 것이기에 하나님이 주신 지혜로 보강한 개정증보판인 《**첫 글자를 알면 성경이 보인다**》를 많은 성도님들과, 성경을 알고자 하는 많은 분들과 함께 공유하고자합니다. 배운 내용을 까먹지 않게 해드리는 데 도움을 드리겠습니다. 목사님의 설교 말씀에 집중하도록 해드리겠습니다. 성경통독과 암송은 하나님께서 우리에게 무엇을 원하시는지 알게 하기에 우리의 삶이 완전히 하나님 중심으로 바뀔 수 있습니다. 말씀으로 단단히 무장할 때 선교는 우리의 삶이 될 수 있습니다. 개정증보판이 나오기까지 모든 수고와 노력을 주님 찬양과 영광으로만 돌립니다.

대전광역시 대덕대로 대덕교회 백상화 장로

책으로 들어가며

성경은 광활한 역사서로 볼 수 있을 만큼 대체적으로 시대순으로 잘 엮어진 사실에 근거한 역동적이며 스펙터클한 하나님과 하나님나라에 대한 다큐멘터리라고 볼 수 있습니다. 다양한 문체로 작성된 성경이야기는 읽으면서 어떻게 내용이 전개되는지에 대한 이해가 중요하며, 이를 이해할 때에는 열쇠가 되는 중심내용을 분명히 알아야 합니다. 중심내용을 이해하고 기억하고 있어야 이야기의 맥을 놓치지 않고 저자의 책을 쓴 의도와 배경을 파악하게 됩니다. 중심내용을 흔히 글의 주제, 뼈대라고 합니다. 뼈대가 생성되어 거기에 살을 붙이면 몸이 되듯이, 성경도 뼈대를 만들어 두고 살을 조금씩 붙여나가면 성경을 읽는 재미에 푹 빠지게 되고 성경에서 말하는 하나님의 사랑과 마음을 깊이 깨닫게 됩니다. 여기서 중요한 핵심은 **뼈대를 통째로 오래오래 기억해야 한다는 사실**입니다. 뼈대를 잊어버리면 붙어 있던 살과 함께 통째로 날아가 버립니다. 뼈대란 글의 중심내용입니다. 그렇지만 때론 뼈대는 중심내용이라기보다는 **글의 맥을 놓치지 않기 위한 작은 도구로서 역할도 합니다.** 글의 문맥을 놓치지 않고 이해하는 데 꼭 필요한 부분이죠. 드라마로 말하면 조연 역할을 하는 것입니다. 비록 주인공은 아니지만, 조연이 빠지면 주연이 돋보이지 않거나 드라마의 흥미를 잃어버립니다.

본인은 대학 때부터 지금까지 IVF(한국기독학생회) 리더 및 제자훈련, 주제별 각종 성경공부 프로그램, 성경통신교재, 몇몇 선교단체의 주제별 성경연구 등 많은 성경교재를 이용하여 공부했지만 일정 시간이 지나면 모두 잊게 되어 말씀이 내 삶의 방식에 기준으로 자리 잡지 못하고 해마다 성경공부를 반복하게 되는 제 자신을 발견할 수 있었습니다. 주일마다 듣는 목사님의 설교말씀은 항상 새롭습니다. 그러나 이건 칭찬이 아닙니다. 미련하고 어리석다는 표현이 더 적합할 거라 봅니다. 어떤 이유로 하나님의 말씀이 부담스럽고 재미없는 딱딱한 율법서 정도가 되어 버렸는지 생각해 보았습니다. 그건 본인이 성경의 뼈대를 모르는 상태로 공부하기 때문이고, 또한 뼈대를 알고 있더라도 금방 잊어버리기 때문에 성경이 재미없어지고 이야기의 맥을 놓친다는 것을 알게 되었습니다. 뼈대가 있어야 살이 붙는데, 뼈는 없고 살만 있는 각양각색의 프로그램과 책, 보조교재들이 적지 않은 것 같습니다. 뼈 없이 살만 붙이니 금세 와르르 무너지는 거죠. 이러한 종류의 책들은 무너지면 또 쌓아 올리는 과정을 계속 반복합니다. 시중에 판매 중인 성경학습교재는 저자의 가르치는 방법, 이해와 의미전달에 역점을 두고 있지 배우는 성도와 신학생의 입장을 고려한 책은 드물다는 점이 안타까울 뿐입니다. 그래서 저는 배우는 성도 입장의 성경교재를 만들고 싶었습니다.

이 책을 통하여 뼈대를 잊지 않고 오래오래 기억하는 방법을 나누고자 합니다. 중·고등학교 시절에 **"태정태세문단세"**를 읊조리며 조선시대 왕 이름들을 암기한 적이 있었습니다. 우리는 지금도 이 문장을 기억하고 있습니다. 시대순으로 왕을 암기하는 것이 조선시대를 이해하는 데 꼭 필요하기 때문에 그렇게 외우는 것입니다. 성경도 마찬가지입니다. 이애실 사모님의 《어? 성경이 읽어지네!》 책에서도 **"창출레민신"**이라는 말이 나옵니다. 단어의 앞글자만을 모아서 하나의 문장을 만들면 성경을 오랜 기간 기억하고 이해하는 데 도움을 줍니다. 이러한 문장들을 통해 성경의 뼈대를 형성합니다. 그러나 뼈대가 중요한 내용이기도 하지만 모두 다 중요한 내용은 아닙니다. 앞에서 언급했듯이, 때로는 성경의 살들을 붙어 있게 하기 위한 도구로만 사용되기도 합니다. 전봇대가 전기를 나르지는 않지만 전기를 나르는 전선을 지탱해 주는 역할을 하듯이 뼈대라고 모두 중요한 주제와 사실을 담고 있는 것은 아닙니다. 뼈대로 사용하는 문장이 성경을 이해하는 데 꼭 필수적인 내용이기에 뼈대로 사용합니다. 뼈대를 외우기 위해 만들어진 문장이 어떤 경우는 매우 유치할 수도 있습니다. 그러나 하나님의 말씀을 오랫동안 기억하기 위해서는 그 정도의 유치함은 감수해야 합니다. **유치함이 하나님 말씀을 모르는 것보다 백배 천배 낫다고 생각합니다.** 우리나라는 체면문화를 극복할 필요가 있습니다. 공부하는데 무슨 체면이 필요한지요? **마태복음 13장에 천국비유 7가지가 나옵니다.** 충청도 버전으로 **"그 밥(밭)값 누가 낼(네)겨"**만 외우면 7가지 천국비유의 암기가 끝납니다. 물론 세부적인 의미를 알아야겠죠. 세부적인 의미인 살을 붙이는 작업은 그렇게 어렵지 않습니다. 그 예로 천국을 그물에 비유하자면 좋은 물고기와 못된 물고기가 그물에 잡히면 못된 것은 버려짐을 의미하며, 이것은 세상 끝에 악인은 풀무불(지옥)로 가고 의인은 천국에 입성함을 의미합니다. 나머지도 유사한 의미를 갖고 있습니다. 7가지 천국비유를 한 줄씩 나열해 보겠습니다.

그물
밭에 감추인 보화
값진 진주
누룩
가라지
네 가지 땅에 떨어진 씨
겨자씨

이렇게 뼈대를 외우면 암기하기 쉽습니다. 천국비유는 예수님이 말씀하시는 미래에 대한 소망과 하나님의 계획을 이해하는 데 필수적인 내용입니다. 이러한 뼈대들이 모이고 모이면 성경 전체를 이해하게 되고 오랫동안 기억하게 됩니다. 앞 글자를 모아 의미상 문장을 만들 때 주의할 사항들이 있습니다. 이를 아래에 정리하였습니다.

1. 가능한 의미가 통하는 문장을 만들라.
2. 순서대로 외워야 하는 것은 의미상 문장이 아니어도 상관없다. 순서가 중요한 문장은 의미상의 문장을 만들기가 어려울 때가 있다.
3. 의미상 문장보다 이야기식으로 암기하는 방식이 유리할 경우에는 이야기를 순서대로 이해하고 통째로 외우라.
4. 의미상의 문장을 반복해서 외울 때 완전히 본인의 것이 된다.

1~4번 모두 중요하지만 특히 4번을 강조하고 싶습니다. 인간의 3일 후 평균 기억력은 읽기 10%, 듣기 20%, 공부하기 60%, 큰 소리로 읽기 70%로 복습하며 암송하면 거의 100%를 기억한다고 합니다. 반복적으로 외울 때 가장 오래 기억되므로 꼭 반복적으로 암송하는 습관을 들이시기 바랍니다. 개정증보판인 《**첫 글자를 알면 성경이 보인다**》가 성도들에게 성경 읽기와 묵상에 큰 도움을 주는 계기가 되기를 기도드립니다. 튼튼한 뼈를 만들어 성경이 재미있고 흥미진진한 하나님의 말씀이 되기를 간절히 소망합니다.

암송이야기

여호수아서 1장 8절

이 율법책을 네 입에서 떠나지 말게 하며

주야로 그것을 묵상하여

그 안에 기록된 대로 다 지켜 행하라

그리하면 네 길이 평탄하게 될 것이며 네가 형통하리라

성경암송

암송을 이야기하면 머리가 먼저 아프신가요? 뭔가를 외워야 한다는 것은 배우는 사람의 입장에서는 분명 부담을 줄 수 있습니다. 그러나 그러한 선입감과 편견을 이제 버리시기 바랍니다. 먼저 암송과 암기의 차이를 잠깐 알아보겠습니다. 암송이나 암기는 어떤 내용을 외운다는 측면에서 같습니다. 그러나 방법의 차이가 있습니다. 암기는 단어나 문장을 외울 때 주로 눈과 손을 이용하는 방식입니다. 암송은 주로 입과 귀를 이용합니다. 물론 암송이 암기보다 효과가 뛰어납니다. 입으로 소리 내어 말하고 자기 귀로 듣는 것입니다. 또는 소리 내어 읽어 주는 것을 듣는 것도 좋습니다. 요즈음 스마트폰의 오디오 성경 애플리케이션이나 유튜브를 이용해 다양한 오디오 성경을 경험할 수 있습니다. 그러면 성경의 내용을 오래 기억할 수 있습니다. 바로 귀와 입을 적극적으로 사용하는 것이 암송입니다. 암송한 내용을 실천하면 금상첨화입니다.

여호수아서 1장 8절에 **"이 율법 책을 네 입에서 떠나지 말게 하며 주야로 그것을 묵상하여 그 안에 기록된 대로 다 지켜 행하라 그리하면 네 길이 평탄하게 될 것이며 네가 형통하리라"**라고 기록되어 있습니다. 유명한 사도행전 1장 8절 말씀에 **"내 증인이 되리라"**라는 구절이 있습니다. 교회에는 남자성도보다 여자성도들이 더 많습니다. 증인이 되려면 여기저기 돌아다니며 복음을 입으로 말해야 합니다. 평균적으로 여자성도님들이 남자성도보다 더 열심히 복음전도를 입으로 전하는 편입니다. 보통 더 많이 알려진 사도행전 1장 8절을 기억하며 여호수아 1장 8절을 연상하여 기억하십시오. **여자성도를 생각하며 여호수아를 생각하십시오. 사도행전 1:8, 여자성도, 여호수아 1:8 연관을 지어 생각합니다.** 증인을 생각하며 네 입에서 떠나지 말라를 생각하십시오. 기억의 연결고리를 이어주기 위함입니다. 기억을 위해서는 모든 방법을 총동원해야 합니다.

성경에서도 입에서 떠나지 말라고 하네요. 그러나 암기든 암송이든 상황에 맞게 사용하면 됩니다. 시편 1편 2절에도 **"주의 말씀을 주야로 묵상하라"**고 나옵니다. 입에서 떠나지 말게 하는 최고의 방법은 많은 학자와 목회자들이 주장하는 암송입니다. 미국의 존경받는 목회자 척 스윈돌은 성경암송보다 더 도움이 되는 영적훈련을 본 적이 없다고 말합니다. 태도와 세계관이 바뀌고 담대함과 확신이 높아지며 믿음의 반석 위에 견고히 서게 될 거라 말합니다. 조병호 박사의 《성경과 영성》이라는 책을 보면 성경은 눈으로 읽고, 입으로 읽고, 귀로 들어야 하는 책이라고 말하고 있습니다. 또, 성경에서 하나님의 마음을 발견할 수 있다고 합니다. 따라서 1년에 10번 반복해서 들어야 한다고 말합니다. 즉 통독과 암송의 중요성을 피력하고 있습니다. 본인이 평소 말씀 암송을 통해 느끼고 체험한 부분을 포함하여 존 파이퍼, 도널드 휘트니 등 많은 복음주의 목회자들이 주장하는 성경암송을 통해 주는 유익은 무엇인지 정리해 보겠습니다.

첫째, 그리스도를 닮아 가게 합니다. 그리스도를 지속적으로 닮아 가기 위해선 그분이 하신 말씀을 통해 가능합니다. 성경을 읽지 않더라도 묵상이 가능합니다. 신앙생활뿐만 아니라 일반적인 생활에서도 말씀 적용이 가능합니다. 그리스도를 닮아간다는 것은 우리의 삶의 전 영역에서 말씀이 우리를 지배하는 것입니다. 버스를 타고 회사를 출근할 때도, 퇴근 후 아내와 대화를 할 때도, 주말에 운동을 할 때도, 사람들과 회의하고 토론할 때도, 휴식을 할 때도, 어려운 사람을 도울 때도, 심지어는 다른 사람과 말다툼이 있거나 갈등이 있을 때도 우리는 말씀이 우리를 선한 길로 인도할 수 있습니다.

둘째, 시편 119편 11절에 **"내가 주께 범죄 하지 아니하려 하여 주의 말씀을**

내 마음에 두었나이다"라고 말하고 있습니다. 즉, 죄와 싸움에서 승리하기 위해선 말씀을 늘 기억해야 합니다. 세상살이는 죄와의 끊임없는 싸움의 연속입니다. 하루에도 우리는 수백 번, 수천 번 판단하고 결정합니다. 말씀 암송은 오직 인간의 눈으로 판단하고 결정하는 것이 아닌 하나님의 말씀으로 판단하고 결정하는 데 도움을 줍니다. 오직 편한 길을 추구하고, 다른 사람이야 어찌되었든 상관하지 않는 무책임한 결정이 아닌 힘들더라도 십자가의 길을 선택하도록 합니다. 성경암송은 우리들 마음속에 의로운 영적전쟁을 일으킵니다. 말씀이 우리 마음속에 없다면 영적전쟁도 없습니다.

셋째, 마태복음 4장에 광야에서 사탄의 시험을 받을 때 말씀으로 승리하셨습니다. 유혹과 사탄을 물리치는 방법은 말씀입니다. 이스라엘 백성은 광야 40년 동안 끊임없이 불평하고 원망했습니다. 우리도 인생에 있어서 아무런 도움도 없고 외롭고 힘든 광야를 지나갈 때가 종종 있습니다. 이 광야를 빨리 벗어나고 싶어 합니다. 그래서 편법을 사용합니다. 쉬운 길을 택합니다. 말씀은 이때 우리로 하여금 잠깐 주위를 둘러보라고 합니다. 정신을 차리라고 합니다.

넷째, 암송하고 있는 말씀을 통해 주위 이웃에게 위로와 사랑을 전할 수 있습니다. 말씀은 살아있어 그 어떤 이야기, 명언, 교훈보다 강력한 위로와 은혜가 됩니다. 말이라는 것은 우리 머릿속에 있는 글을 입으로 옮기는 것입니다. 암송하고 있는 성경말씀이 많을수록 일상 대화가 하나님의 은혜로 풍성해집니다. 나의 입에서 나오는 말을 통해 나의 영성이 갱신을 합니다. 마음에 담고 있는 말씀이 적을수록 사람들에게 상처를 주고 원망을 합니다. 우리의 마음을 말씀으로 꽉 채우도록 해야 합니다. 사탄의 말이 우리 마음속에 둥지를 틀지 못하도록 말씀으로 무장해야 합니다.

다섯째, 전도를 위해 말씀암송은 필수입니다. 성경을 보며 전도도 가능합니다. 그러나 불신자에게 맞는 말씀을 찾기 위해선 성경암송은 절대적입니다. 항상 성경을 갖고 다닐 수는 없습니다. 마태복음에서 예수님께서 광야에서 사탄의 유혹을 이기시고 제일 먼저 하신 것이 **제가복병**입니다. **제자 삼고, 가르치고, 복음을 전파하고, 병든 자들을 고치셨습니다.** 문장의 앞 글자를 인용하여 만든 암송 문장입니다. 복음전파는 미태복음 28장의 주님의 명령이며 제자가 마땅히 해야 할 의무입니다. 말씀암송은 복음전파를 유익하게 합니다.

여섯째, 하나님과 끊임없이 소통하고 교제하는 데 말씀암송은 꼭 필요합니다. 우리는 누군가를 사랑하게 되면 사랑하는 사람의 말, 표정, 생각 등에 집중합니다. 사랑하는 사람은 우리의 관심이 자기에게 있음을 알고 소통하게 됩니다. 하나님이 하신 말씀, 즉 성경을 마음속에 담고 하나님과 대화를 한다면 하나님은 계속 우리의 말을 듣고 응답할 것입니다.

LA새생명비전교회를 섬기시는 강준민 목사님의 《성경암송과 거룩한 습관》이라는 책을 보면 성경암송은 거룩한 습관이라 표현하고 있습니다. 또 사탄이 무서워하는 기도의 용장이 되며, 기억하면 감사의 세계가 열린다고 말하고 있습니다. 추가하여 창조적인 암송법을 위해 몇 가지 방법을 제시하고 있습니다. 주제별 암송, 암송카드 이용, 반복 학습, 작은 단위로 나눠 암기, 음악 이용하기 등 다양한 방법을 제시하고 있습니다. 암기하는 방법은 어떻게 보면 성도 본인의 몫이기도 합니다. 중요한 사실은 암송해야 한다는 사실입니다. 본인은 이 책에서 주요 성경구절을 암송하는 것은 당연히 해야 하는 일이지만 본인은 이 책을 통해 **성경 전체의 내용을 암송하는 방법을 제시하고 있습니다.** 암송할 내용의 첫 글자를 이어 의미상의 문장을 만들거나 연결 구문을 만드는 것입니다. 이야기식으로 문맥에 맞게 통째로 외우는 방법도 가능합니다. 이 방법은 탁월하며 몇 년이 지나도 잊어버리지 않기 때문에 강력합니다. 본인이 임상실험 대상자였고 주변 몇 분의 지인들을 통해 확인한 바입니다. 물론 이 방법도 지속적인 반복이 필수입니다. 이런 일에는 사탄들이 좋아하지 않습니다. 이 책을 쓰기 위해 도중에 많은 어려움이 있었지만 하나님께서 이 부족한 죄인을 너무 사랑하시어 책이 발간될 수 있도록 역사하셨습니다.

이 책의 구성은 역사, 시대순으로 하지 않고 기존 대한예수교장로회 총회 헌법(제1편 교리, 제4부 웨스트민스터 신앙고백, 제1장 성경에 관하여)에서 제시한 신구약 성경순서를 따랐습니다. 신구약 각 성경들이 기록된 시기가 명확한 성경도 있고, 추측하여 대략 언제 기록되었다고 보는 성경도 있기 때문에 역사, 시대순으로 책을 구성하지 않고 기존 성경순서를 준수하였습니다. 다시 한번 더 강조하자면 **본인이 쓴 이 책은 성경구절을 암송하는 방법을 알려주는 책이 아니라 성경 전체의 중심내용을 통째로 암송하는 방법을 알려주는 책입니다.** 물론 성경구절을 암송하는 것도 엄청 중요합니다. 그러나 단편적인 성경구절 암송은 우리의 삶에 성경의 전체 맥락을 모르고 잘못 적용할 소지가 있습니다. 숲을 먼저 보고 나무를 봐야 하는데 나무를 보고 숲이 어떻게 생겼나 추측하는 것과 똑같은 이치입니다. 성경 전체를 이해하기 위해서는 각 성경의 중요한 뼈대를 식별하고 그 뼈대를 오래오래 기억해야만 성경의 맥을 잡을 수 있습니다.

그렇지만 각 성경별로 주제를 간접적으로 말해주는 주요 성경구절도 암송하는 것이 좋습니다. 단순히 많이 들어보고 유명하다고 판단되는 말씀이 아닌 문맥을 이해하는 데 도움이 되는 말씀입니다. 그래서 각 성경마다 주요 성경 구절을 끝단에 추가하였습니다. 하나님의 속성을 알 수 있는 성경 구절은 필히 넣었습니다. **성경 구절 암송은 필히 첫 글자를 기억해야 합니다. 리듬을 타며 외워야 하며 계속적인 반복만이 답입니다.** 본인이 암송하는 말씀 중에 고린도전서 10장 13절이 있습니다. **"사람이 감당할 시험밖에는 너희가 당한 것이 없나니 오직 하나님은 미쁘사 너희가 감당하지 못할 시험 당함을 허락하지 아니하시고 시험 당할 즈음에 또한 피할 길을 내사 너희로 능히 감당하게 하시**

느니라" 이 말씀에서 첫 글자 **'사람이'**를 꼭 기억해야 하고 **'사람, 너희, 오직, 너희, 허락, 피할, 감당'**이라는 글자에서 강조(악센트)하며 리듬을 타며 외웁니다. 고린도전서 10장이 우상숭배를 피하라는 내용임을 알고 있으면 암송하는 데 더욱 도움이 됩니다. 주님 믿는 백성들이 우상숭배로 시험당할 때에 하나님은 능히 피할 길을 내시고 감당할 능력을 주시기 때문입니다. 단, 요절말씀 암송에 경계할 점이 있습니다. 단순한 요절말씀 암송은 신실한 신앙생활을 오히려 방해할 수 있습니다. 연애 중인 A라는 여성이 B라는 남성에게 "그런 것도 몰라! 이 바보!" 하면 다정한 연인 사이의 친밀감의 표현일 수 있지만, 학교의 같은 반에서 1등하는 친구가 꼴등하는 친구에게 위와 똑같은 표현을 하면 상대방을 무시하는 인격적 모독이 될 수도 있습니다. 앞뒤 정황과 문맥을 알고 사용해야 한다는 겁니다. 단순한 요절암송과 적용은 경계해야 합니다. 조병호 박사님의 《성경 한 권이면 충분합니다》라는 책에서도 단순 요절주의 암송을 주의 및 경계하라고 말하고 있습니다. 끝으로 성경 전체의 숲을 보기 위해 각 성경의 내용 줄거리도 요약했습니다. 성경 전체를 이해하는 데 많은 도움을 받을 수 있을 것이라 확신합니다. 모든 영광을 하나님께 돌립니다.

눈덩이 효과

Snowball Effect라는 말이 있습니다. 일명 눈덩이 효과입니다. 일정 눈덩이가 뭉쳐지면 눈을 크게 만드는 것은 훨씬 수월해집니다. 단단한 눈덩이를 만드는 작업이 성경 전체의 의미상 구문 또는 비의미상 구문을 만드는 작업, 즉 뼈대를 만드는 작업입니다. 이러한 작은 뼈대들이 쌓이고 쌓이면 이것이 성경 전체의 큰 뼈대 역할을 하게 됩니다. 즉, Snowball 역할을 하는 거죠. 여기에 살을 붙이는 작업은 자세한 성경내용을 입히는 작업입니다. 우리의 성경공부는 대다수가 뼈 없이 살만 붙이려고 합니다. 간혹 뼈가 있긴 한데 연골 정도이고, 여기에 살을 계속 붙이면 와르르 무너지죠. 우리는 쌓고 무너지는 과정을 계속 반복합니다. 참으로 곰처럼 미련합니다. 뼈가 있으면 잘 붙습니다. 잘 붙으니 재미가 있죠. 까먹지 않는 의미상구문으로 성경의 뼈대를 형성하는 게 먼저 선행되어야 합니다.

뼈대에 살이 붙는 기적을 함께해요

하나님의 말씀의 뼈대를 소리 내어 통째로 외우고 그 뼈대에 살을 붙이는 내용이 이미 성경말씀에 나옵니다. 바로 에스겔 37장 1~10절 말씀입니다. BC598년 바벨론의 느부갓네살왕은 남유다를 침공하여 여호야긴왕, 권세자들, 고급 기술자 만여 명 그리고 에스겔을 포로로 잡아갑니다. 요시야의 막내아들 시드기야가 왕으로 즉위합니다. 에스겔이 바벨론에 도착하여 5년 정도 시간이 흘러간 즈음에 하나님께서 '에스겔'을 이스라엘의 선지자로 부르십니다. 하나님께서는, 이스라엘 백성들이 바벨론에게 멸망을 당하고 70년 후에 다시 이스라엘 땅으로 복귀하는 환상을 에스겔에 보여 주십니다. 이스라엘이 회복하고 복귀하는 환상이 유명한 '마른 뼈 환상'입니다. 하나님의 영이 에스겔을 어느 뼈가 많은 골짜기로 데려갑니다. 뼈와 생기에게 하나님의 말씀을 대언할 때 뼈와 뼈들이 연결되고 뼈에 힘줄이 생기고 살이 생기고 가죽이 덮이고 생기가 그 속에 들어가니 살아나서 일어나 큰 군대가 됩니다.

《첫 글자를 알면 성경이 보인다》는 마른 뼈 환상과 같습니다. 성경의 뼈대에 세부적인 말씀의 내용인 살을 붙이는 작업을 해야 합니다. 그런데 대다수의 성도님들은 성경 66권의 각 성경마다의 주제와 핵심 내용, 꼭 암기해야 할 맥락을 머릿속에 담고 있지 않습니다. 담고 있더라도 어렴풋이 띄엄띄엄 담고 있습니다. 그래서 항상 불안합니다. 즉 성경의 뼈대를 확실히 암송하고 있지 않다는 것입니다. 마른 뼈의 기적이 일어나기 위해선 일단 마른 뼈가 있어야 하는데, 마른 뼈가 없으니 기적이 일어날 수 없습니다. 에스겔서 37장 1~10절은 기본적으로 마른 뼈가 있습니다. 성도들의 성경공부가 뼈 없이 살끼리만 붙이는 작업을 할 때 일정시간이 지나면 와르르 무너집니다. 연체동물처럼 흐느적거리며 바닥에 납작 누워있습니다. 뼈가 없으니 성장이 없습니다. 성전이건, 집이건, 사람이건 뼈대가 중요합니다. 뼈대를 튼튼히 만들어 두면 거기에 살을 붙이는 작업은 어려운 일이 아닙니다. 아니 오히려 즐겁습니다. 목사님께서 만약 어느 주일 에스겔서 37장 1~10절 말씀을 설교하신다고 할 때, 시대적 배경과 주제를, 즉 뼈대를 통째로 미리 파악하고 있다면 목사님의 설교말씀은 꿀과 같이 달고 개그 프로그램처럼 재미있지 않겠습니까! 목사님의 설교내용은 마른 뼈에 대한 상세내용과 생활의 적용을 대언하실 겁니다. 바로 그건 살입니다. 또, 힘줄이자 가죽입니다. 잘 듣고 미리 만들어 둔 뼈에 살을 붙이는 작업만 하면 됩니다. 이스라엘이 회복되듯이 성도의 영적생활에 회복과 부흥이 일어날 것입니다. 성도들의 게으름과 나태, 원망과 불평, 거짓과 위선, 술 취함과 방탕함, 사치와 낭비, 불신과 좌절, 미움과 시기는 하나님의 말씀을 통해 완전히 붕괴될 것입니다. 완전히 무너질 것입니다. 사탄들은 말씀 아래 무릎 꿇고 엉엉 통곡을 할 것입니다. **《첫 글자를 알면 성경이 보인다》**는 마른 뼈 환상과 같습니다. **《첫 글자를 알면 성경이 보인다》**가 성도님들에게 회복과 희망을 드리는 마른 뼈의 기적이 되겠습니다.

그럼 급한 마음을 잠시 내려놓고, 구약이야기 단원의 창세기부터 천천히 따라 오시기 바랍니다. 하나님의 말씀을 마음속에 오래오래 담아 둘 수 있도록 기억력과 지혜를 달라고 하나님께 기도하시기 바랍니다. 지혜를 소원했던 솔로몬과 같이 부와 영광을 하나님께서 덤으로 주셨듯이 여러분에게 하나님의 축복이 갑절로 부어지기를 기도합니다.

성경의 굵은 뼈대들

성경의 굵은 뼈대들을 말하기 전에 성경에 대한 전체적인 개요를 먼저 이야기하고자 합니다. 성경은 구약 39권(율법서, 역사서, 시가서, 예언서), 신약 27권(복음서, 역사서, 서신서, 계시록)으로 구성이 되어 있고, 40명 이상의 저자가 1,500~1,600년에 걸쳐 기록에 참가하였습니다. 성경은 약 2,000년 동안의 하나님과 하나님 나라의 이야기를 담고 있으며 약 1,500곳의 장소와 약 5,000명(조병호 박사의 《통성경 길라잡이》)의 등장인물이 나옵니다. 성경은 총 1,189장으로 구성되어 있고 가장 긴 장은 시편 119편, 가장 짧은 장은 시편 117편입니다.

그럼 성경의 굵은 뼈대를 이야기하고자 합니다. 사람의 골격을 유지하는 가장 단단한 조직을 뼈라고 합니다. 인체의 골격은 약 200여 개의 뼈로 이루어져 있습니다. 그중에서도 몸을 중추적으로 지탱하고 장기를 보호하며 움직임에 꼭 필요한 뼈들이 있는데 바로 갈비뼈, 머리뼈, 엉덩뼈, 척추, 등뼈, 목뼈, 궁둥뼈, 정강뼈 등입니다. 하나님의 말씀도 마찬가지입니다. 성경 66권의 내용을 큰 기둥처럼 지탱하는 굵은 뼈대들이 있습니다. 이 굵은 뼈대가 단단히 서 있어야 작은 뼈들이 여기에 붙습니다. 그럼 성경에서 굵은 뼈대는 무엇일까요? 본인이 성경을 통독하면서 파악한 뼈대는 다음과 같습니다. **아브라함과 요셉까지의 창세기 족장 시대 이야기, 모세와 여호수아까지의 모세율법과 가나안 정복시대 줄거리, 사울과 다윗 이야기, 이스라엘 분열왕국시대 왕과 선지자 이야기, 신구약 중간사, 예수님 공생애 3년 반, 바울의 전도 여행, 로마 박해 때 기록된 공동서신서**입니다. 굵은 뼈대를 생각하면서 책의 중심으로 들어가 보겠습니다.

구약이야기

신명기 28장 1절

네가 네 하나님 여호와의 말씀을 삼가 듣고
내가 오늘 네게 명령하는 그의 모든 명령을 지켜 행하면
네 하나님 여호와께서 너를 세계 모든 민족 위에
뛰어나게 하실 것이라

구약의 시작 - 창세기

창세기를 시작하겠습니다. 창세기는 다른 성경에 비해 자세히 기술하고자 합니다. 하나님께서 인간과 세상을 창조하신 첫 말씀이기 때문입니다. 하나님이 세상을 창조하십니다. 1. 빛, 2. 궁창, 3. 땅, 식물 및 바다, 4. 해, 달, 별, 5. 새와 물고기, 6. 짐승과 사람, 7. 안식함. **창조순서를 이야기식으로 외우면 까먹지 않습니다.** 외우는 방식은 앞 글자를 인용하여 문장을 만드는 방식과 간단한 이야기를 만드는 방식이 있습니다. 창조순서는 이야기식입니다.

[빛은 하늘(궁창)에서 내려와 땅과 바다를 비추고 땅에서 식물이 나고(광합성 작용) **빛을 발하는 것은 해, 달, 별이고 하늘에는 새, 바다에는 물고기, 땅에는 짐승과 사람(아담과 하와)이 나오고 휴식합니다.]**

가장 넓은 곳이 하늘, 다음이 바다, 맨 나중이 땅입니다. 거기에 생명체를 차례로 채워 넣습니다. 하나님은 에덴동산을 만들고 동산중앙에 생명나무와 선악을 알게 하는 나무를 만들고, 만약 선악과를 따먹으면 반드시 죽을 것이라 말씀하십니다. 만물의 주인은 하나님이라는 사실을 깨닫게 함입니다. 여기까지가 1~2장입니다. 그러나 뱀의 유혹에 넘어가 선악과를 하와가 따먹고 아담도 먹게 합니다. 그 죄로 아담은 노동의 수고를, 하와는 해산의 고통을 당합니다. 에덴동산에서 쫓겨난 아담이 가인과 아벨을 낳고 가인이 하나님께서 자기 제사를 받지 않자 분노하며 아무런 죄도 없는 아벨을 죽입니다. 가인이 드린 제사를 하나님이 받지 않으므로 가인이 옆에 있는 다른 이에게 이렇게 얘기합니다. **에이~** 제사 음식 니 **므라 야유**하며 **두 발**로 걷어찹니다. 가인의 족보를 외우는 방법입니다. 에녹, 이랏, 므후야엘, 므드사엘, 라멕, 야발, 유발, 두발가인을 뜻합니다. 하나님께서 받지 않으시는 이유는 히11:4,

창4:7, 요일3:12, 유1:11 말씀을 참고하시기 바랍니다. 가인이 하나님을 떠나 에덴동쪽 놋 땅에 거주하며 에녹을 낳고 몇 대를 거쳐 라멕을 낳았는데 두 아내를 취하였고 첫째는 아다, 둘째는 씰라입니다. **라면 아따~ 씩을라!** 다시 한번 더 **라면 아따~ 씩을라**라고 외우시면 됩니다. 라멕, 아다, 씰라를 의미합니다. 약간 유치하지만 재미있고 기억이 오래갑니다. 아다는 아디다스 신발을 생각하십시오. 왜냐면 자녀가 야발, 유발이기 때문입니다. 아다는 야발을 낳고 가축 치는 자의 조상, 동생 유발은 수금과 퉁소를 부는 자의 조상, 씰라의 아들 두발가인은 대장장이의 조상이 되었습니다. **가인의 자손이니 두발가인이 나오는 건 당연하죠.** 하하~그리고 아담은 셋을 낳았습니다. 셋의 아들인 에노스부터 여호와 이름을 불렀습니다. 에노스부터 계보가 이어져 여러 대를 거쳐 므두셀라는 969세로 인류역사상 최장수입니다. 라멕이 노아를 낳고 노아는 500세에 셈, 함, 야벳을 낳았습니다. **노자오백을 기억하십시오.** 노잣돈 500원이라는 뜻입니다. 노아가 자식을 500세에 낳았다는 뜻입니다. 라멕은 가인에게도 셋에게서도 이름이 있는 동명이인입니다. 여기까지가 5장입니다. 하나님의 아들들이 사람의 딸들과 결혼하여 자식을 낳고 세상이 악하여, 하나님은 노아가족을 제외한 인간들을 홍수로 멸절할 계획을 세우시고 고페르 나무로 방주를 짓도록 명령하십니다. 홍수가 40일 동안 왔고 물이 150일 동안 땅에 넘쳤습니다. 물이 빠지는 데 178일, 홍수 일주일 전에 방주에 노아가족이 들어간 날짜까지 모두 375일을 방주에 있었습니다. 1년 넘게 방주에 있었던 거죠. 홍수가 날 때 노아는 600세였습니다. **노홍육백을 기억하십시오.** 노홍철에게 토익 600점은 너무 쉽다. 이런 식으로 암기하면 좋습니다. 노아가 홍수를 만난 시기는 600세 때이므로 외우는 방식입니다. 노아홍수가 있었을 때는 자녀를 500세에 낳았으니 자녀들이 거의 모두 100세정도 되네요. 노아는 방주에 나와 제단을 쌓고 번제를 드립니다. 함은 노아의 포도주 사건으로 종의 저주를 받고 셈과 야벳은 하나님의 축복을 받습니다. 9장까지 이야기입니다. 하나님께서 창세기 1장 28절에서 인간을 창조하시고 생육하고 번성하여 땅에 충만하라 말씀하십니다. 그런데 하나님은 창세기 9장 1절에서도 똑같이 생육하고 번성하여 땅에 충만하라고 말씀하십니다. 11장에 인간들이 바벨탑사건으로 온 지면으로 흩어집니다. 셈은 아르박삿을 낳고 이후 계속해서 계보가 이어져 데라를 낳습니다. 데라는 아브람, 나홀, 하란을 낳습니다. 하란은 롯을 낳고 우르에서 죽습니다. 데라는 아브람과 롯을 데리고 우르에서 하란으로 갑니다. 하란이 하란을 가면 혼동이 생깁니다. 그래서 롯의 아버지 하란은 우르에서 죽습니다. 성도 여러분! 이것은 하란이 우르에서 죽었다는 것을 기억하기 위해 지어낸 이야기입니다. 착오 없으시길 바랍니다.

데다 아 하나만 놓을게

아마도 이 당시에는 애를 많이 놓았나 봅니다. 누가 그만 놓으라 하니까 데라가 '아' 하나만 놓습니다. 실제는 한 명이 아닙니다. 암기하기 위한 문장입니다. 세 자녀는 아브람, 하란, 나홀입니다. 여기까지가 11장입니다. 우리는 창세기 1~11장까지를 원역사, 즉 역사 이전의 역사라는 의미로 Pre-History라 하고 12~50장까지를 족장역사라 합니다.

족장역사는 대략 BC2,100~1,800년에 해당합니다. 이 시대의 주인공은 아브라함, 이삭, 야곱, 요셉입니다. 창세기 마지막에서 네 명의 주인공의 나이와 연도를 비교해보겠습니다. 상기 족장역사와 거의 비슷하게 계산이 됨을 알 수 있습니다. 앞에서 언급했듯이 데라는 가나안에 가기 위해 아브라함과 롯을 데리고 우르에서 하란으로 갑니다. 데라는 하란에서 죽고 하나님의 명령으로 아브라함은 롯을 데리고 다시 하란에서 가나안으로 가는데, 이때가 향년 75세입니다. 몇몇 성경교재에서 아브라함이 우르에서 가나안으로 떠날 때가 75세라고 말하고 있는데 정확히는 하란에서 가나안으로 떠날 때가 75세입니다(창12:4). 우르에서 하란, 하란에서 가나안까지 거리가 약

1,800km입니다. 요셉까지의 족장사가 대략 BC1,800년에 끝나므로 창세기에선 1,800이라는 숫자를 꼭 기억하십시오. 처음 도착한 가나안지역은 세겜입니다. 정확히는 세겜땅 모레 상수리 나무입니다. 모레라는 뜻은 히브리어로 이른비, 교사라는 의미를 갖고 있습니다. 벧엘에서 제단을 쌓지만 기근으로 애굽에 갔다가 부인을 누이라 속여 고초를 당합니다. 아브라함과 롯은 네게브에서 다시 벧엘로 옵니다. 롯은 요단지역인 소돔과 고모라, 소알 땅으로 가고 아브람은 헤브론 마므레 상수리수풀에 제단을 쌓습니다. 마므레는 히브리어로 강하다는 뜻을 갖고 있습니다. 사라의 장지였던 막벨라굴도 헤브론 마므레 상수리수풀에서 약2km 근방입니다. 아브라함의 위대함은 어디를 가든 하나님의 제단을 쌓는다는 것입니다. 소돔과 고모라 주변국(그돌라오멜이 왕인 엘람 등 4개국)이 소돔과 고모라를 쳐들어와 롯도 잡힙니다. 아브라함이 318명 장정으로 주변국을 정복하고 롯도 구합니다. 소돔 왕이 영접하고 살렘왕 멜기세덱이 축복하여 아브라함은 소유(전리품)의 1/10을 멜기세덱에게 줍니다. 아브라함이 여종 하갈과 결혼하여 이스마엘을 낳고, 그 이후 하나님은 소돔을 멸하십니다. **아이팔육(발육)**을 기억하십시오. 이스마엘이 다른 아이들에 비해 특히 발육이 좋았다 생각하십시오. 아브라함이 이스마엘을 낳은 때가 86세 때입니다. 롯은 소알의 굴에 머무는데 두 딸이 롯과 동침하여 낳은 자식이 모압자손과 암몬자손의 선조가 됩니다. 20장에서 그랄왕 아비멜렉도 사라를 취하려다가 하나님께 혼이 납니다. 나중에 멜렉 3총사를 언급할 것입니다. 미리 기억해 두시기 바랍니다. 그랄왕 아비멜렉이 제일 처음 등장합니다. 100세에 이삭을 낳고 22장에서 모리아산에서 이삭을 번제 드리라는 말에 순종하지만 하나님은 이삭을 살립니다. 사라가 127세에 죽어 헤브론 근방에 위치한 헷족속 막벨라굴에 장사를 지냅니다. **아이백세**라고 기억하시기 바랍니다. 아브라함이 이삭을 낳은 나이가 100세입니다. 따라서 이스마엘과 이삭과는 14살 차이가 납니다.

아브라함의 종인 엘리에셀이 이삭의 신부를 찾아 하란에 가고, 거기서 리브가를 만납니다. 리브가는 라반과 남매지간입니다. 25장에 이삭과 리브가 사이에 에서와 야곱이 태어나나 야곱이 형을 속여 장자권을 얻습니다. 에서는 화가 나고 야곱은 하란 삼촌 라반집으로 도망갑니다. 그곳에서 20년간 살면서 라반의 딸 레아와 라헬사이에 12명의 아들과 1명의 딸을 낳습니다. 31~36장에서 에서와 야곱은 화해하고 야곱은 벧엘에 제단을 쌓습니다. 에서는 에돔의 조상이 됩니다. 후에 에돔은 바벨론에 멸망합니다. 멸망을 예언한 성경말씀이 오바댜서입니다. 37~50장은 요셉에 관한 내용입니다. 요셉은 나머지 열한 형제들로부터 시기와 질투의 대상이 되고 죽을 고비를 맞으나 유다의 권면으로 목숨을 유지합니다. 나중에 유다는 다윗의 족보, 예수 그리스도의 족보에 올라갑니다. 17세에 애굽으로 가서 7년 풍년, 7년 흉년이라는 꿈해몽 사건이 단초가 되어 30세에 애굽의 총리가 되고, 요셉이 애굽에 간 지 22년이 지난 후 형들과 재회합니다. 110세 죽을 때까지 유다, 베냐민 등 형제들은 출애굽하기 전까지 애굽의 고센 땅에 머뭅니다. 12명의 형제 이름을 외웁시다. 12명의 형제 이름이 뼈대입니다.

족장역사 연대정리

족장역사는 대략 BC2,100~1,800년에 해당한다고 앞에서 언급을 하였습니다. 이 시대의 주인공 아브라함, 이삭, 야곱, 요셉의 행적과 나이, 연도를 비교해보겠습니다.

구분	아브라함			이삭
행적	가나안도착	이삭 낳음	죽음	죽음
나이	75세	100세	175세	180세
연도	BC2,091	BC2,066	BC1,991	BC1,886
창세기	12장 4절	21장 5절	25장 7절	35장 28절

구분	야곱		요셉	
행적	태어남	죽음	태어남	죽음
나이	1세 (이삭60세)	147세	1세 (야곱91세 추정)	110세
연도	BC2,006	BC1,859	BC1,915	BC1,805
창세기	25장 26절	47장 28절	41장 46절 47장 09절	50장 22절 50장 26절

아브라함이 가나안에 도착할 때 나이가 75세인데, 이때를 족장역사의 시

작점인 BC2,100년대인데 정확히는 BC2,091년입니다. **75세에 아브라함 가나안 도착이고 이때가 BC2,091, 꼭 암기해야 합니다.** 조병호 박사의 통성경 길라잡이를 근거로 합니다. 아브라함이 175세에 죽었으므로 100년 후가 BC1,991이 됩니다. 아브라함이 죽고 약 2,018년 후에 예수 그리스도가 역사의 현장에 등장합니다.(예수님의 공생애) 예수님이 태어나시고 약 2,020년이 지난 시점에 우리는 현재 주님을 우리의 구주로 믿고 있습니다. 아브라함이 이삭을 100세에 낳은 연도가 BC2,066이고, 이삭이 180세까지 살았으므로 이때가 BC1,886년입니다. 야곱이 147년을 살다가 죽었으므로 그때가 BC1,859년이고, 야곱이 바로왕 앞에 선 때가 130세이고 요셉이 30세에 총리가 된 후 약 9년이 지난 시점이므로 39살을 빼면 야곱이 대략 91세에 요셉을 낳은 것으로 추정이 됩니다. 요셉이 애굽의 총리가 된 이후 애굽의 7년 흉년과 그 이후 2년 후에 만난 것이므로 39살을 뺀 것입니다. 결국 족장역사는 BC1,805년에 끝납니다. 동시대에 살았던 아브라함이나 이삭이나 야곱보다 요셉의 수명이 매우 짧습니다. 애굽에서 총리로서 풍족하게 살았으리라 예상이 되지만 그러한 것이 수명을 길게 하는 것은 아님을 알게 되고 또한 야곱이 너무 늦은 나이에 요셉을 낳은 것도 이유가 되리라 짐작이 됩니다. 물론 아브라함이 100세에 이삭을 낳았기도 하지만 분명 늦은 시기에 태어난 것도 영향이 될 수 있겠다 생각할 수 있습니다. BC1,805년에 끝나는 족장역사를 뒤로하고 출애굽기에서 모세라는 위대한 인물이 역사의 전면에 나타납니다. BC1,527년에 모세라는 인물이 애굽에서 태어납니다.

출애굽기

출애굽기를 보겠습니다. 애굽에서 노예생활하던 이스라엘백성의 수가 급격히 불어나자 애굽왕 바로가 산파 십브라와 부아를 시켜 남자아이가 태어나면 죽이라 시키나 하나님을 경외하는 자라 명령을 어깁니다. "그 산파들은 하나님을 경외하였으므로 하나님이 그들의 집안을 흥왕하게 하신지라(출애굽기1장 21절)" 사실 바로가 하는 말은 무조건 들어야 할 텐데 대단한 산파들이라는 생각이 듭니다. 죽을 수도 있는 명령을 듣지 않는 것은 결코 쉬운 일이 아닙니다. 하나님을 경외한다는 표현이 중요합니다. 경외는 주로 하나님과 관련해 사용되는 용어이며 무서움과 공포로서가 아닌 하나님의 주권과 영광을 인정하는 자가 가지는 거룩한 두려움을 뜻합니다. 느헤미야 7장 2절을 참고할 수 있습니다. 산파들이 명령을 어기자 바로가 아들이 태어나면 나일강에 던지라 명령합니다. 레위자손의 아들 모세가 나일강 갈대상자에 버려질 때 바로의 딸이 건져 키우던 중 장성하여 히브리민족을 괴롭히는 애굽 사람을 죽이고 미디안광야로 도망을 갑니다. **이때는 모세가 40세인 BC1,487년입니다.** BC1,487년을 꼭 기억해 두는 것이 좋습니다. **1487, 1487, 1487** 여러 번 반복하여 외우시기 바랍니다. 다음부터 있을 각 성경역사의 시대를 가늠하는 기준이 될 수 있기 때문입니다. 미디안 광야는 굉장히 먼 거리입니다. 참 멀리도 도망을 갔습니다. 거기서 미디안제사장 딸 십보라와 결혼하여 게르솜을 낳습니다. 레위의 아들 게르손과 혼동되지 않도록 유의하셔야 합니다. 모세치솔을 기억하십시오. 부드럽지요. 그래서 모세 아들은 게르솜입니다. **모세는 십브라와 십보라 두 사람과 인연이 깊네요.** 호렙산에서 하나님을 만난 모세는 하나님의 명령에 따라 이스라엘백성을 구하러 애굽으로 돌아갑니다. 4장까지의 내용입니다. 출애굽기 4장11절 말씀 즉 "여호와께서 그에게 이르시되 누가 사람의 입을 지었느냐 누가 말 못하는 자나 못 듣는 자나 눈 밝은 자나 맹인이 되게 하였느냐 나 여호와가 아니냐" 이 말씀에 모세가 힘을 내어 다시 애굽으로 들어갑니다. 미디안으로 도망갈 때 40세, 애굽으로 올 때가 80세입니다. BC1,447년입니다. 이스라엘백성을 보내달라고 애굽왕에게 요청하자 거절당합니다. 하나님의 징계가 10가지 재앙으로 이어집니다. 암송합니다.

피개리파 두목은 **가악** 하고 **우메** 한 **흑장수**(흑인 우두머리)

순서대로 외워야 하므로 의미상 문장이 안 되어 문장이 유치합니다. 유치함이 있더라도 효율적인 학습을 위해 감수합시다. 피, 개구리, 이, 파리, 가축의 죽음, 악성종기, 우박, 메뚜기, 흑암, 장자의 죽음 이상 10가지 재앙입니다. 출애굽기 11장에서는 장자의 죽음을 경고합니다. 그리고 12장에서 유월절이야기가 처음 등장합니다. **출애굽기 12장은 유월절장, 출애굽기 12장은 유월절장**이라고 외워야 합니다. 유월절은 예수님의 구속사에서 매우 중요한 의미를 갖습니다. 어린 양을 잡아 피를 문설주에 바르고 고기를 구워먹고 무교병과 쓴나물을 함께 먹습니다. 하나님이 재앙을 내리실 때 문설주의 피를 보고 재앙을 피하게 됩니다. 예수님의 십자가 구원의 역사를 유월절을 통해 미리 보여주고 있기 때문에 유월절은 이스라엘 절기 중 가장 중심에 위치합니다. 유월절을 지내고 장자의 죽음으로 애굽은 이스라엘백성을 놓아줍니다. 이스라엘 백성은 애굽의 노예로 430년을 살았습니다. 출애굽기 12장 40절을 참고하십시오. 14장에 모세를 통해 홍해를 건너는 기적을 하나님은 보이십니다. 엘림과 시내산 사이 신광야에서 만나와 메추라기를 주시고 르비딤에서 모세의 지팡이로 바위를 쳐서 물을 주십니다. 장인 이드로의 조언에 따라 십부장, 오십부장, 백부장, 천부장을 세웁니다. 18장까지 이야기입니다. 홍해를 건넌 이후 이스라엘 백성들이 시내산에 도달하기까지의 여정을 간단하게 정리하면 수르광야, 마라, 엘림, 신광야, 르비딤입니다. 첫 글자를 따서 문장을 만들자면 **수마엘신르**입니다. 이 지역들의 특징은 이스라엘 백성들이 물과 먹을 것을 모세에게 계속 요구하는 장소라는 것입니다. 이러한 이스라엘 백성들의 요구와 원망은 시내산에서도 이어집니다. **출애굽기 19장부터 레위기, 민수기 10장 10절까지는 이스라엘백성들이 시내산에서 약 1년간 머무르는 시간의 기록입니다.** 19~24장은 십계명과 율법을 주시는데, 십계명의 두 축은 하나님 사랑, 이웃사랑입니다. 25~31장은 성막 짓는 법을 알려주십니다. 32장은 금송아지사건, 33~34장은 모세의 중보기도로 이스라엘백성과 함께하시는 하나님을 봅니다. 35~39장은 브살렐과 오홀리압을 통해 성막과 제사장 의복을 제작합니다. 40장에 성막봉헌을 드립니다. 40장에서 7번 반복되는 중요한 구절이 있습니다. **"여호와께서 모세에게 명령하신 대로 되니라"**입니다. 하나님께서 성막을 매우 매우 귀하게 여기셨음을 알 수 있습니다. 이를 통해 움직이는 성막(지성소와 성소) 500년의 역사가 시작됩니다. 솔로몬이 예루살렘 성전(지성소, 성소 및 이방인의 뜰)을 짓고 난 후부터 예루살렘 성전 1,000년의 역사가 도래합니다. 남은 한 달 20일 동안 시내산에서 민수기 1장에서 10장 10절 말씀이 주어집니다. 출애굽기에서 꼭 기억해야 할 말씀은 20장 3절 **"너는 나 외에는 다른 신들을 네게 두 지 말라"**입니다. 십계명의 1계명입니다.

출애굽기 6:7
너희를 내 백성으로 삼고 나는 너희의 하나님이 되리니 나는 애굽 사람의 무거운 짐 밑에서 너희를 빼낸 너희의 하나님 여호와인 줄 너희가 알지라`

출애굽기 19:5~6
세계가 다 내게 속하였나니 너희가 내 말을 잘 듣고 내 언약을 지키면 너희는 모든 민족 중에서 내 소유가 되겠고 너희가 내게 대하여 제사장 나라가 되며 거룩한 백성이 되리라 너는 이 말을 이스라엘 자손에게 전할지니라

* 모세 계보

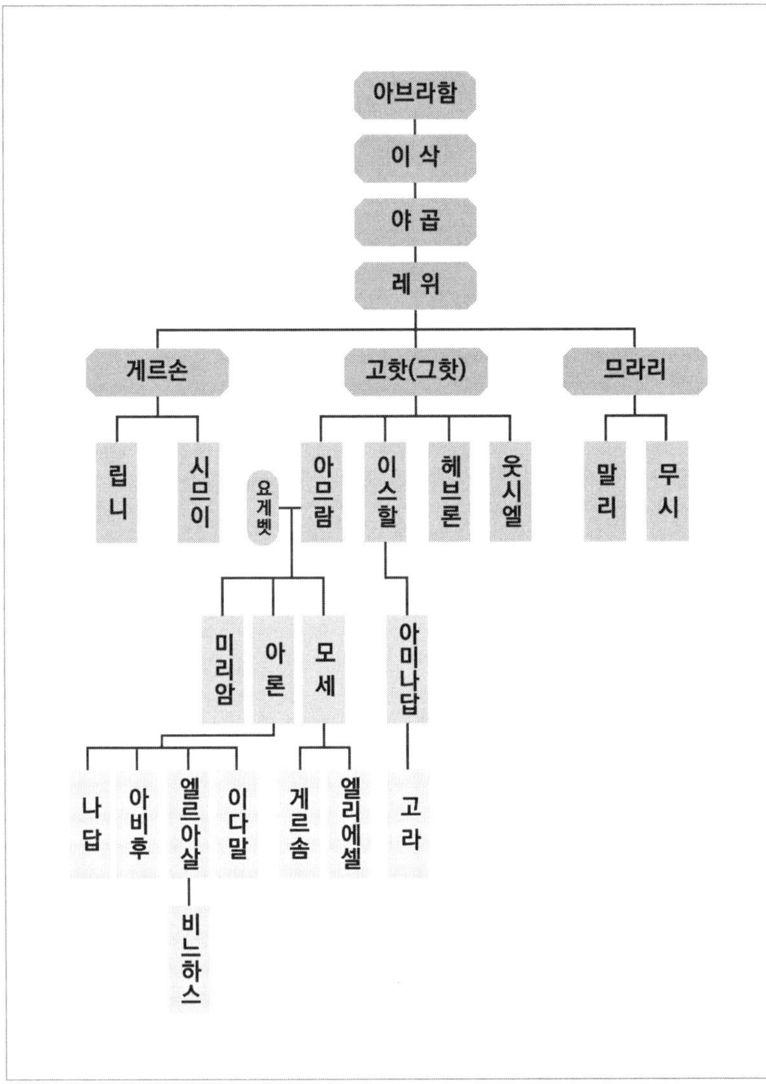

(출처: 기다리는 마음 네이버 블로그 공유자료)

레위기

레위기는 시내산에서 1년 동안 머물며 기록된 말씀입니다. 레위기를 크리스천들이 가장 지루하고 따분한 성경으로 알고 있지요. 그러나 하나님은 속죄와 정결한 삶을 통해 거룩하신 하나님께 다가오고 사회적 약자들이 충분한 쉼을 주기 위해 쓰인 하나님의 마음이 고스란히 담겨 있는 사랑의 책입니다. 또한 레위기를 통하지 않고서는 마지막 대제사장인 예수님을, 바벨론에서 음식을 구별하여 먹으려 했던 다니엘을, 나병환자를 고치시고 제사장에게 가서 보이라고 말씀하신 예수님을, 고아와 과부를 돌보려 했던 룻기의 보아스를, 예레미야가 예고한 바벨론 포로 70년과 예수님의 새 언약을 우리는 이해할 수 없습니다. 그만큼 레위기는 성경 66권 중에 중요한 위치를 차지합니다. 레위기는 스토리텔링(이야기)으로 암기하는 게 좋습니다. 이야기가 순차적, 논리적으로 전개되어 있지 않고 왔다 갔다 하기 때문입니다.

[제사에는 제사장이 필요하지요. 잘못하면 죽을 수도 있어요. 그러기에 정결한 삶을 살아야 하고 크게 속죄도 해야 해요. 이런 게 제사장의 조건이지요. 참으로 고단할 것입니다. 그러므로 쉼이 필요하지요. 어찌 되었든 순종여부에 따라 보상과 징벌이 따르게 됩니다. 예외가 없습니다.]

5가지 제사
제사장
나답과 아비후
의식적 정결
대속죄
윤리적 정결

제사장의 조건
7가지 절기
안식년과 희년
보상과 징벌

레위기 1장에서 5장까지는 하나님의 제사에 대한 내용입니다. 5장에는 7가지 절기에 대한 내용도 나옵니다. 제물로 드리는 소, 양, 염소, 암컷, 수컷 등등 복잡합니다.

제사	자원/의무	제물	의미	방식	기타
번제	자원제	수소, 숫양, 숫염소, 비둘기	하나님께 헌신과 봉사	번제단에 제물을 태움. 내장과 정강이는 번제물 위에서 불사름.	제단주위 피를 뿌리고 각을 뜨고 내장과 정강이 물두멍에서 씻음.
소제	자원제	고운가루, 기름, 유향, 소금	하나님의 은혜에 감사	피를 흘린 다른 제물위에 태움.	제사 후 남은 소제는 제사장과 가족이 먹음.
화목제	자원제	소, 양, 염소, 곡식가루 (암수구별 없음)	하나님과 인간의 화목과 화평	번제단에 제물을 태움. (기름과 콩팥은 완전히 불살라짐.)	제물위에 안수하고 피를 번제단 사면에 뿌림.

제사	자원/의무	제물	의미	방식	기타
속죄제	의무제	수송아지, 숫염소, 암염소, 암양, 비둘기 2마리, 고운가루 1/10 에바	하나님께 인간의 속죄함을 받기 위함.	기름을 번제단에 태우고, 나머지 부분 진 밖 재 버리는 곳에 태움,	각을 뜨고 피를 성소의 휘장에 일곱 번 뿌리고 번제단 밑에 쏟음.
속건제	의무제(배상제)	흠 없는 숫양	하나님의 성물과 계명에 지은 죄, 인간에게 지은 죄를 속죄함 받기 위함.	기름과 콩팥을 번제단에 태우고 가축과 고기는 제사장이 취함.	제물위에 안수하고 피를 번제단 사면에 뿌림.

그래서 5대 제사를 상기 표와 같이 요약을 해 보았습니다. 특별히 암기한다기보다는 상기 표를 계속 눈에 익히는 것이 좋은 방법입니다.

5대 제사는 상기와 같이 언급하고 다시 레위기 전체의 스토리(이야기)를 요약하면 다음과 같이 됩니다. 총 27장으로 구성되어 있으나 장수는 그리 중요하지 않습니다. 하나님께서 우리에게 주시는 의미와 내용이 중요하기 때문입니다. 상기 표에 언급된 5가지 제사는 번제, 소제, 화목제, 속죄제, 속건제로 나누어집니다. 번제는 가축을 태워서 드리는 제사로 생명과 헌신, 소제는 곡식을 빻아 굽거나 삶아서 드리며 재산과 헌신을 의미합니다. 화목제는 이웃과 나눔을 감사하는 제사입니다. 속죄제는 죄를 회개하는 제사이고 속건제는 부지불식중 지은 죄, 이웃에게 지은 죄를 대속하는 제사입니다. 화목제와 속건제 음식은 이웃과 나누어 먹을 수 있습니다. 절기는 암기방법이 있습니다.

유무 오나속 장부

유월절, 무교절, 오순절, 나팔절, 속죄일, 장막절, 부림절이며 애굽 해방, 무교병, 시내산에서 율법 받는 날, 나팔 부는 날, 죄를 속하는 날, 광야생활 기념, 하만음모에서 벗어나 구원받은 날 기념하여 상기 절기를 지킵니다. **있고 없고는 오나(주인) 속주머니에 있는 장부를 보면 안다**고 외우면 **'유무오나속장부'** 오래오래 기억하겠죠? 참고로 부림절은 에스더 이후에 생겨난 절기이고, 레위기에는 없지만 이스라엘의 절기를 전체적으로 요약한다는 측면에서 여기 레위기서에 삽입하였습니다. 이스라엘의 3대 절기는 유월절, 오순절(칠칠절), 장막절(초막절)입니다. 기타 11장은 먹지 말아야 할 짐승에 대해 설명하고 있습니다. 12장은 아이를 낳은 여인의 규례, 20장은 죽어야 하는 죄, 21장은 제사장이 지켜야 할 규례, 25장은 안식년과 희년에서 대해서, 26장은 상과 벌에 대해 기록합니다. 전체적으로 보면 레위기 1장에서 10장은 속죄, 제사 규례를 기록하고 있고 11장에서 27장은 생활규례를 말하고 있습니다.

레위기 11:44

나는 여호와 너희의 하나님이라 내가 거룩하니 너희도 몸을 구별하여 거룩하게 하고

레위기 18:4

너희는 내 법도를 따르며 내 규례를 지켜 그대로 행하라 나는 너희의 하나님 여호와이니라

레위기 19:2

너는 이스라엘 자손의 온 회중에게 말하여 이르라 너희는 거룩하라 이는 나 여호와 너희 하나님이 거룩함이니라

레위기 26:13

나는 너희를 애굽 땅에서 인도해 내어 그들에게 종된 것을 면하게 한 너희의 하나님 여호와이니라 내가 너희의 멍에의 빗장을 부수고 너희를 바로 서서 걷게 하였느니라

민수기

모세오경 중 네 번째 성경 민수기를 보겠습니다. 민수기 뜻은 백성의 수를 센다는 의미입니다. 성막과 율법을 받은 시내산에서 가나안 입성 직전까지의 이야기가 민수기입니다. 총 36장으로 구성되어 있고 1장과 26장에서 20세 이상 전쟁을 할 수 있는 남자들의 인구조사를 합니다. 1~8장은 1차 인구조사와 성막을 중심으로 이스라엘 백성의 진 배치를 말합니다. 유다지파가 74,600명으로 가장 많습니다. 12지파의 인구수는 약 60만 명이 넘습니다. 성막둘레에 레위인들이 배치됩니다. 므라리, 게르손, 고핫입니다. 고핫 다음으로 아므람이 태어나고 아므람과 요게벳 사이에 아론, 모세 및 미리암을 낳습니다. 제사장은 아론과 그의 아들들이고 나답, 아비후, 엘르아살, 이다말인데 제사에 다른 불을 써서 나답과 아비후는 죽고 제사장직은 아론, 엘르아살, 이다말 세 명이 합니다. 9~10장은 시내산에서 떠날 준비를 합니다. 성막을 완성했고 율법과 규례를 받았습니다. 11~12장에는 모세가 구스여자를 취하니 미리암과 아론이 모세를 비방하므로 미리암이 나병에 걸리는 사건이 나옵니다. 13~14장은 12명의 정탐꾼이 가데스 바네아에서 가나안을 정탐한 후 여호수아와 갈렙을 제외하고 가나안 정복은 불가하다고 말하여 불신의 죄로 광야 38년을 더 살게 됩니다. 신명기 2장 14절에서 38년을 언급하고 있습니다. 게다가 15~19장은 고라, 다단, 아비람 레위인들이 모세의 권위에 도전하다 땅이 그들을 삼키는 벌을 받습니다. 신약성경 유다서 1장 11절에서 고라의 패역으로 멸망함을 다시 언급합니다. 20~21장은 모세에게 백성들이 물을 달라 원망하자 반석을 명하여 물을 내야 하는데, 반석을 두 번 쳐서 내므로 하나님의 의가 아닌 본인의 의를 드러내어 가나안에 들어가지 못하는 징계를 받습니다. 므리바 사건이라고 합니다. 22~31장에 이스라엘이 모압에 진을 치자 모압

왕 발락이 발람에게 저주를 시키나 천사에 의해 오히려 발람이 축복합니다. 싯딤에서 모압 여성들과 음행하여 이스라엘 남자 2만 4천 명이 염병으로 죽습니다. 음행하는 시므리와 미디안 여인 고스비를 아론의 손자 비느하스가 죽이자 염병이 그칩니다. 이것을 바알브올(모압 신) 사건에 대한 비느하스의 심판이라고 말합니다. 26장에 두 번째 인구조사를 합니다. 32~36장은 요단 동편 땅 분배에 관한 내용이며 르우벤, 갓, 므낫세 반지파가 분배받습니다. 이 지파들은 가족들은 요단 동편에 머물게 하고 남자들은 요단 서편 땅을 모두 차지할 때까지 전쟁에 앞장서 싸울 것이며, 싸움이 끝날 때까지 가족들에게 돌아가지 않겠다고 모세에게 다짐하고 동편 땅을 분배받습니다. 어느 유튜브 민수기 강해를 본 적이 있는데 강사님이 민수기하면 생각나는 게 뭐냐 했더니 학생이 어릴 적 민숙이가 생각난다고 하더군요. 하하~

어릴 적 한 반의 학생 수가 60명 정도 되었던 것으로 기억나네요. 인구조사 결과 1, 2차 모두 남자 장정만 60만 명 정도 되었습니다. 광야에서 돌아가신 출애굽세대도 60만 명, 가나안에 입성하는 2세대들도 약 60만 명입니다. 몇 가지 암송해야 하는 내용을 정리해 보겠습니다.

하나님 제사에 **나대다가 아비에게 혼났습니다.** 그래서 나답과 아비후입니다. **성막경계는 차라리 개나 고양이가 적격이야.** 그래서 므라리, 게르손, 고핫입니다. 암기하는 방법이니 오해 말기를 바랍니다. 성막경계는 지금이라면 CCTV도, 보안요원도, 개도 모두 필요합니다.

반석을 두 번 치고 모세가 그럽니다. **야~~ 물을 봐라.** 므리바 사건입니다. 하나님은 반석에게 명령하여 물을 내라 명령하시지만 모세는 반석을 두 번 쳐서 물이 나오게 합니다. 하나님의 거룩함을 숨긴 죄로 모세와 아론은 가나안 땅에 들어가지 못합니다.

광야에서 살아남는 방법은 36계가 최고입니다. 그래서 민수기는 36장으로 구성되어 있습니다.

민수기 1:19

여호와께서 모세에게 명령하신 대로 그가 시내 광야에서 그들을 계수하였더라

민수기 6:24~27

여호와는 네게 복을 주시고 너를 지키시기를 원하며 여호와는 그의 얼굴을 네게 비추사 은혜 베푸시기를 원하며 여호와는 그 얼굴을 네게로 향하여 드사 평강 주시기를 원하노라 할지니라 하라 그들은 이같이 내 이름으로 이스라엘 자손에게 축복할지니 내가 그들에게 복을 주리라

***정착시 이스라엘 각 지파의 진영**

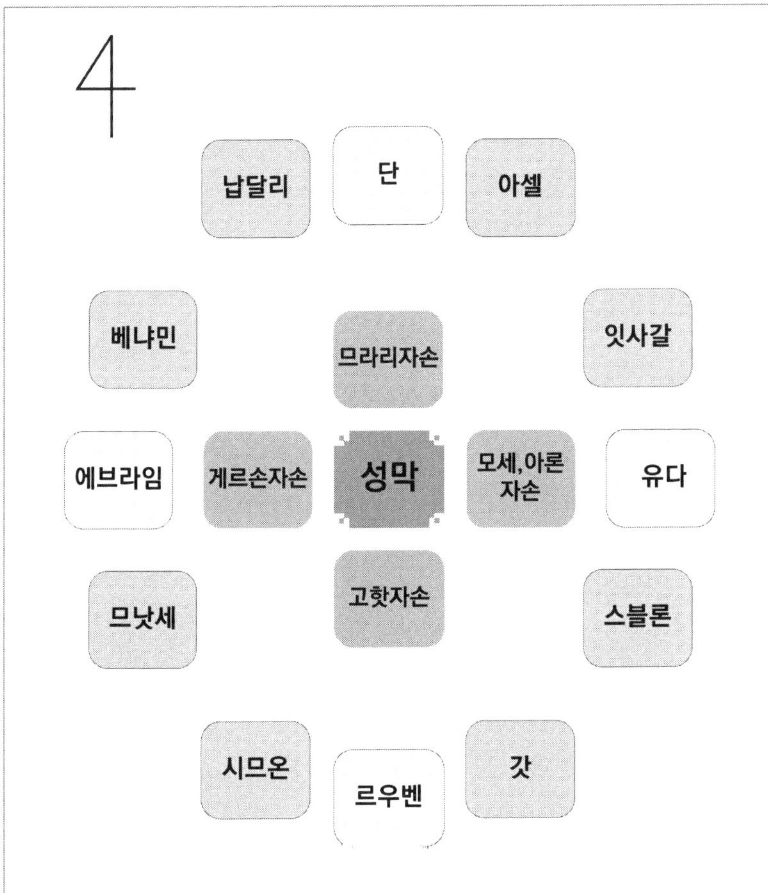

(출처: 기다리는 마음 네이버 블로그 공유자료)

신명기

모세오경 중 마지막 다섯 번째 성경인 신명기를 보겠습니다. BC1,446년 출애굽 이후 40년이 지난 BC1,406년 가나안에 입성하기 직전, 모세가 가나안에 들어갈 2세대를 위해서 전하는 말씀입니다. 시내산에서 받았던 하나님의 언약을 2세대들에게 상기시켜 주고 싶었습니다. 1~4장은 홍해의 기적, 불기둥과 구름기둥, 만나와 메추라기와 같은 하나님은 은혜를 체험하지만 가데스 바네아 12명의 정탐꾼 중 부정적인 10명의 정탐꾼을 통해 가나안 사람들에게 두려움을 갖고 애굽으로 돌아가려는 이스라엘 백성 1세대는 광야 40년 동안에 모두 죽고 2세대와 여호수아, 갈렙만 가나안에 입성합니다. 요단 동편을 정복한 후 새로운 지도자 여호수아가 정해지고 2세대들에게 하나님의 규례와 율법을 잘 지켜줄 것과 절대로 우상을 섬기면 안 된다고 말하고 있습니다. 5~11장은 하나님의 말씀을 들으라, 하나님을 사랑하라는 것이 주제입니다. 쉐마라고 불리는 신명기 6장 4~9절은 **"이스라엘은 들으라. 우리 하나님 여호와는 오직 유일한 여호와이시니 너는 마음을 다하고 뜻을 다하고 힘을 다하여 네 하나님 여호와를 사랑하라."** 12~26장은 2세대가 가나안에서 어떻게 살 것인지를 가르쳐주는 모세의 마지막 율법교육입니다. 하나님이 지정한 곳에서 예배, 종에게 면제년을 주고, 하나님의 절기행사는 종, 나그네, 레위인, 약자에게 유익을 주어야 하고, 도피성을 만들고, 십일조를 드려야 한다고 가르칩니다. 27~30장은 가나안에 입성 후 번제와 화목제를 드리라 하고 하나님께 순종과 불순종에 따라 저주와 축복을 말합니다. 신명기 27~30장은 저주와 축복의 장으로 암기하시기 바랍니다. 언약을 지키는 자에게 축복을, 어기는 자에게는 저주가 온다는 말씀입니다. 그럼 복과 저주는 어떤 게 있을까요?

모세가 노래한 **3따 전승가**

토지, 자녀, 음식, 전쟁승리, 가축의 복입니다. **땅, 딸, 떡을 3따로 이야기합니다.** 저주는 전쟁의 패함으로 이어지는 결과입니다. 땅을 잃어 흩어지고 자녀들이 포로로 잡혀가고 음식을 못 먹고 전쟁에 패하여 압제받고 생활이 피폐하니 병에 걸립니다. 하나님의 규례와 율법을 지키면 **3따 전승가**는 축복이지만 불순종은 저주로 이어집니다.

31~34장에 여호수아를 격려하고 하나님의 율법을 다시 강조하며 모세는 120세의 생을 마감합니다. 느보산에서 가나안을 바라보며. 모세가 그럽니다. **"느그들 보고 싶다."** 그래서 **느보산입니다.** 다음 쪽에 이스라엘의 주요 산들을 설명할 때 느보산에 대해 다시 언급합니다.

신명기 5:33

너희 하나님 여호와께서 너희에게 명령하신 모든 도를 행하라 그리하면 너희가 살 것이요 복이 너희에게 있을 것이며 너희가 차지한 땅에서 너희의 날이 길리라

신명기 6:5

너는 마음을 다하고 뜻을 다하고 힘을 다하여 네 하나님 여호와를 사랑하라

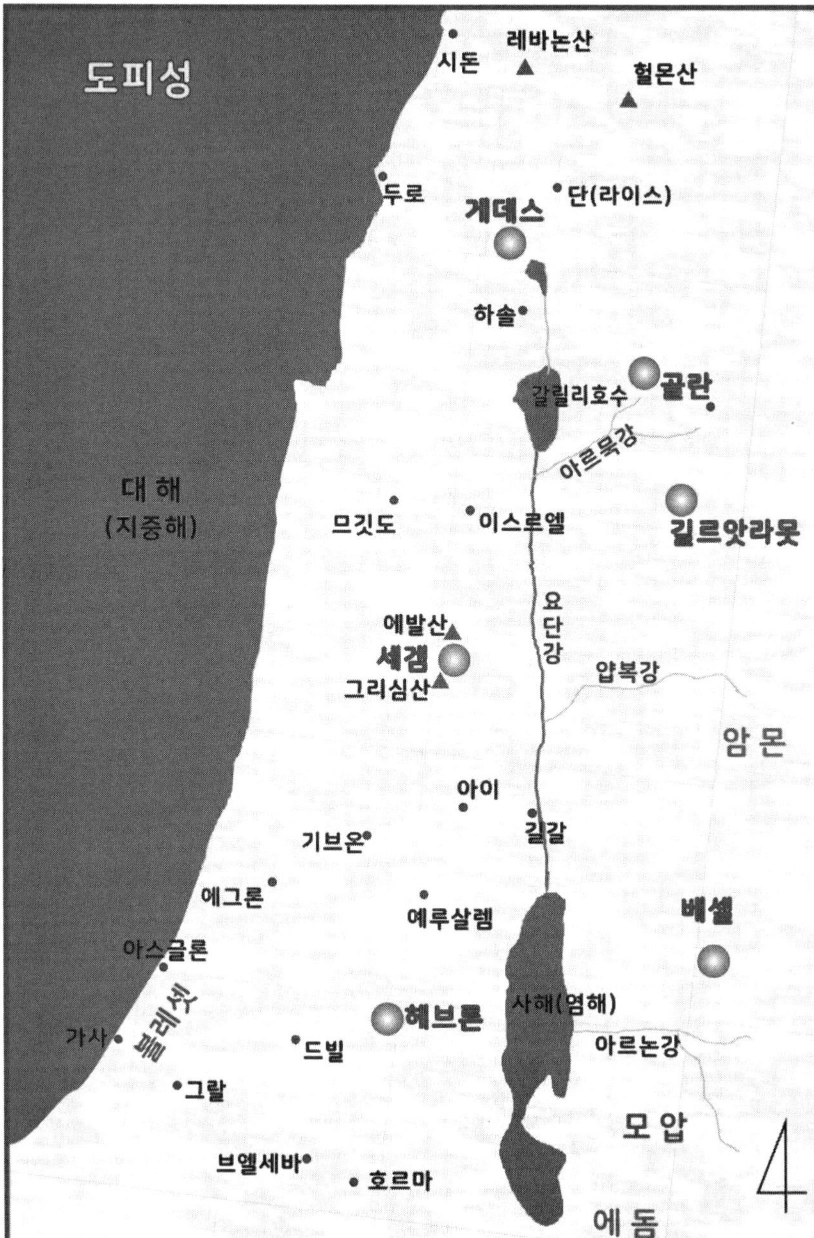

(출처: 기다리는 마음 네이버 블로그 공유자료)

모세오경 요약

성경	기록시기	저자	주요내용(뼈대)	암송방법
창세기	BC1,446 ~1,406년	모세	• 창조순서 • 야곱의 12아들(르우벤~베냐민)	• 이야기식 • **르시레유 단납갓아 잇스요베**
출애굽기	BC1,446 ~1,406년 (초기)		• 애굽 10가지 재앙(피~장자의 죽음)	• **피개리파 두목은 가악하고 우메한 흑장수**(흑인 우두머리)
레위기	BC1,446 ~1,406년 (초기)		• 제사와 제사장 • 이스라엘 절기	• 이야기식 • **유무 오나 속장부**
민수기	BC1,446 ~1,406년 (후기)		• 2번 인구조사 • 성막 진 배치 • 가나안 정탐	• 이야기식
신명기	BC1,446 ~1,406년 (후기)		• 규례/율법 준수 • 순종과 불순종에 따른 하나님의 저주와 축복	• **3따 전승가**(땅, 딸-자녀, 떡-음식, 전쟁승리, 가축)

성경내용을 통해 출애굽기와 레위기는 광야 40년 초기 때 기록된 것으로, 민수기와 신명기는 후기로 추정되고 있습니다. 저자는 모세오경이니 당연히 모세가 기록한 것으로 봅니다. AD64년 로마 대화재사건 이후 로마가 이스라엘을 지배하던 무렵, AD66~AD73년 기간 동안 갈릴리지휘관으로 있으면서

로마에 항거하여 반란을 일으킨 제사장이며 유명한 역사가인 요세푸스의 유대 고대사에는 모세가 저자라는 사실을 증명하고 있습니다. 그러나 19세기 성서비평의 최고 권위자라고 할 수 있는 독일의 율리우스 벨하우젠, 그라프 등 자유신학자들에 의하면 모세오경은 모세를 포함한 여러 명의 사람이 편집 기록했다고 주장하고 있습니다. 또한 영국의 유대인 역사에 정통한 근대인물인 폴 존슨의 유대인의 역사에도 비슷한 논평을 내고 있으나, 성경 자체에서 언급한 내용과 신약에서 예수님이 말씀하신 내용, 복음주의 신학자 및 목회자들의 주장, 그리고 요세푸스는 실제 로마제국이 이스라엘을 정복하고 있었던 당대의 인물이라는 점이 모세오경의 저자가 모세라는 사실을 더 확고히 뒷받침하고 있습니다. 표에서 주요내용은 주제가 아닙니다. 각 성경말씀을 이해하고 맥을 잡기 위한 꼭 기억해야 할 내용을 말합니다.

이스라엘에 위치한 주요 산들

***이스라엘 주요 산들의 위치**

모세가 가나안으로 들어가지 못하고 마지막 연설을 한 곳이 느보산입니다. 앞에서 언급했듯이 모세가 그럽니다. **"느그들 보고 싶다"** 그래서 **느보산입니다.** 가나안에 들어가지 못하는 모세의 마음을 읽을 수 있습니다. 하나님께서는 모세에게 신명기 34장 4절에서 "너는 그리로 건너가지 못하리라" 말하십니다. 신명기 34장은 느보산과 모세의 죽음에 대한 이야기가 나옵니다. 모세는 신명기 4장 44~46절에서 요단 동편 벳브올 맞은편 골짜기에서 이스라엘 자손들에게 율법을 선포하고 신명기 34장 6절에서 보듯이 같은 장소인 모압 땅인 벳브올 맞은편 골짜기에서 죽습니다. 현재 느보산은 요르단에 속해 있고 느보산 꼭대기에 모세기념교회가 있습니다. 요르단 성지순례의 필수 코스입니다. 다음 쪽 그림에서 서쪽 므낫세 지파에 산이 4개가 보입니다. 본 지도는 단순하게 그린 것이지만 세부적인 지도를 보면 **서쪽 므낫세 땅이 애기 발처럼 생겼습니다. 그래서 에발산입니다.** 그리고 애발인지 아닌지 **에발을 그려 보아야 하니까 그 아래산은 그리심산입니다.** 신명기 11장 29절에 하나님께서 모세에게 가나안에 들어가면, 그리심산에서는 축복을, 에발산에서는 저주를 선포하라고 명령하신 것으로 잘 알려져 있습니다. 이 산들은 세겜 골짜기를 끼고 남쪽에는 그리심산, 북쪽에는 에발산이 있습니다. 세겜은 여호수아서 24장 1~28절에 여호수아가 죽기 전 마지막으로 이스라엘 백성에게 유언한 곳입니다. 에발산은 여호수아서 8장 34절에 여호수아가 아이성 전투를 마치고 율법을 낭독한 곳으로도 유명합니다. **바닷가에 가면 갈메기가 많죠! 그래서 바닷가 산은 갈멜산입니다.** 갈멜산은 열왕기상 18장 20~46절에 엘리야가 바알의 선지자들과 대결하여 승리를 거둔 산으로 유명합니다. 그리고 지도상에서 가장 중앙에 위치한 산이 있습니다. **중앙에 있다 보니 길 찾기가 어렵습니다. 그래서 길보여 달라! 그래서 길보아산입니다.** 길보아산은 슬픈 산입니다. 삼상31:1에서 이스라엘 병사들이 블레셋에 처참하게 죽은 곳이며 사울 왕이 죽은 곳이기도 합니다. 블레셋은 사울과 그의 아들들의 시체를 벧산 성벽에 달아 능욕했다는 내용이 성경에 나옵니다. 사울이 블레셋에 내

몰려 길보아산으로 도주하다가 그럽니다. **길을 보여 달라!** 라고 말합니다. 목숨이 위태롭습니다. 궁지에 몰렸습니다. 또한 **이 산에 올라가면 납달리, 스불론, 잇사갈 지파 땅이 모두 보입니다. 다 볼 수 있는 산입니다. 그래서 다볼산입니다. "다볼산으로 납시옵소서~~"** 그래서 납달리, 스불론, 잇사갈~. 해가 뜰 때 어디 가면 잘 보이나요? 그렇죠! 높은 데 가야죠! 그래서 **해를 보려면 높은 데 가야 하므로 헤르몬산은 이스라엘 지도상의 가장 위쪽에 위치합니다. 해발 2,850m로 매우 높은 산입니다.** 이 산들의 위치가 중요합니다. 신구약 각 사건들이 산을 중심으로 일어나는 경우가 많습니다. 그 밖의 모리아산은 예루살렘에 있습니다. 아브라함이 이삭을 번제로 드리기 위해 오른 산입니다. 모세가 십계명을 받은 산은 시내산입니다. 지도상에는 없습니다. 다볼산은 이스르엘 평원에 위치하는데 납달리, 스불론, 잇사갈 지파들이 한곳으로 모이는 장소라고 합니다. 여기에 아셀지파까지 합쳐서 갈릴리지파라고 합니다.

쉬어가는 코너 - 모세오경과 탈무드

《탈무드》를 통해 이스라엘 역사와 구약성경의 한 부분을 이해할 수가 있기에 쉬어가는 코너에서 잠깐 다루고자 합니다. 유대인의 구약성경은 모세오경과 구전되어 온 장로의 유전으로 구분됩니다. 장로의 유전은 구전되어 온 성경말씀을 글로 요약하여 집대성한 것을 히브리말로 미쉬나로 부르고, 미쉬나에 주석을 단 것을 게마라라고 합니다. 미쉬나와 게마라를 합쳐 다시 주석을 단 내용이 탈무드인 것입니다. 랍비들이 모세오경에 해석을 한 부분이 《탈무드》의 2/3를 차지하는데 이것을 할라카라고 하고, 1/3은 조상의 지혜를 담고 있는데 이 부분을 아가라라고 합니다. 대체적으로 《탈무드》는 모세오경에서 랍비들이 궁금해하는 부분에 대한 답을 서술하고 있습니다. 유대인들은 왜 화요일을 좋아하는지? 유대인의 후한 접대문화는 어디에서 시작되었는지? 유대인들에게 신발은 무슨 의미를 갖고 있는지? 곤경에 처했을 때 어떻게 처신해야 하는지? 노아가 하나님으로부터 받은 7가지 규범은 지금 우리에게 의미하는 바는 무엇인지? 히브리말로 살고 있었다라고 해석되는 가랄티는 유대인에게 주어진 613개 율법과는 무슨 관계가 있는지? 등에 대해 《탈무드》는 얘기해 주고 있습니다. 《탈무드》에 나오는 궁금증들은 하나님에 대한 의심에서 나오는 것이 아닌 하나님께서 왜 그렇게 하셨을까? 하는 하나님의 계획하심과 하나님의 의로우심에 대한 전제를 바탕으로 한 믿음에서 시작합니다. 하나님께서 그렇게 하신 것은 선하신 의도가 있을 거야! 하며 랍비들이 해석하고 토론하며 얻은 지혜의 산물인 것입니다. 하나님은 세상을 창조하시고 세 번째 날에 보시기에 좋았더라는 말씀을 두 번 하십니다. 세 번째 날이 화요일인 것입니다. 그래서 유대인들은 화요일을 좋아합니다. 아브라함은 천막의 동서남북 모두에 문을 만들어 나그네나 이웃이 언제든지 천막으로 들어올 수 있도록 하였습니다. 이를 통해 유대인들은 이웃을 섬기고 접대하는 데 후합니다. 히브리 알파벳 스물두 자는 모두 각각의 숫자를 갖고 있습니다. 가랄티가 의미하는 숫자를 합하면 613이 됩니다. 유대인이 지켜야 할 율법은 모두 613개가 있습니다. 유대인들이 성경에서 표현한 숫자들은 모두 각각의 의미를 갖고 있습니다. 《탈무드》는 유대인들이 창의적이며 합리적이며 열정적임을 말해주고 있습니다. 자녀들에 대한 교육의 열정은 한국인 못지않게 뜨겁습니다.

여호수아

1~5장은 이스라엘백성이 가나안 땅을 들어가는 장면입니다. 가난안 입성 때 이스라엘 백성이 요단강을 건너는 장면이 나옵니다. 홍해가 갈라지면서 이스라엘 백성이 홍해 바다를 건너는 이야기는 우리들이 잘 알고 있지만 요단강이 마르게 함으로 이스라엘 백성이 건너는 장면은 상대적으로 잘 모릅니다. 그러나 하나님께서는 여호수아 4장23절에서 홍해를 마르게 함같이 요단강을 마르게 하여 이스라엘 백성이 요단강을 건너가게 했다고 나옵니다. 하나님은 이스라엘 백성을 가나안으로 보내기 위해 두 번씩이나 물을 건너게 하셨습니다. 4장24절에 하나님을 경외하게 하기 위함이라고 기록되어 있습니다. 수1:9은 하나님이 여호수아에게 **"강하고 담대하라 두려워하지 말며 놀라지 말라 네가 어디로 가든지 네 하나님 여호와가 너와 함께 하느니라"**고 약속하는 말씀입니다. 용기를 얻은 여호수아는 가나안 여리고에 정탐꾼 2명을 보냅니다. 이 소식이 가나안에 발각되었으나 기생 라합이 후에 본인 가족의 안전을 지켜줄 것을 요청하며 정탐꾼을 숨겨줍니다. 이스라엘백성은 언약궤를 갖고 요단강을 건넙니다. 길갈에서 할례와 유월절을 행합니다. 앞장 지도에서 보듯이 길갈은 여리고 바로 위에 위치합니다. 6~8장은 여리고성과 아이성 전투이야기입니다. 9~12장은 가나안 족속과의 전투를 말합니다. 기브온 족속에 속아 조약을 맺지만 결국 아모리 족속 등 많은 지역을 정복합니다. 13~22장은 길갈에서 정복한 땅을 지파별로 분배하는 내용이 나오고 23~24장은 110세의 여호수아의 고별설교에 대한 말씀입니다. 12지파, 도피성 6곳, 가나안 7족속 암송합시다.

르시레유 단납갓아 잇스므에베 (요셉 → 므낫세, 에브라임)

서갈기세 동길바베, 여보 **햇**빛에 **아기** 피부**가 희**고 **부**드럽소 첫 번 문장은 르우벤, 시므온, 레위, 유다, 단, 납달리, 갓, 아셀, 잇사갈, 스불론, 므낫세, 에브라임, 베냐민을 의미합니다. 르우벤, 시므온, 레위, 유다는 레아의 자녀, 단과 납다리는 빌하(라헬의 여종)의 자녀, 갓, 아셀은 실바(레아의 여종), 잇사갈과 스불론은 레아의 자녀, 므낫세, 에브라임 및 베냐민은 라헬의 자녀이고, 도피성은 요단강 서편에 갈릴리 게데스, 기랏 아르바(헤브론), 세겜, 동편은 길르앗 라못, 바산 골란, 베셀입니다. **서갈기세 동길바베** 5번만 반복해보세요. 머릿속에 잔상이 남아 오래 기억될 것입니다. 가나안 7족속은 상기 의미상 문장을 통해 여부스, 헷, 아모리, 기르가스, 가나안, 히위, 브리스입니다. 기르가스가 좀 생소할 것입니다. 생소하기 때문에 꼭 외우시기 바랍니다. **기르가스.**

여호수아 1:8

이 율법책을 네 입에서 떠나지 말게 하며 주야로 그것을 묵상하여 그 안에 기록된 대로 다 지켜 행하라 그리하면 네 길이 평탄하게 될 것이며 네가 형통하리라

여호수아 24:15

(전략) 오직 나와 내 집은 여호와를 섬기겠노라

***이스라엘 12지파별 땅 분배**

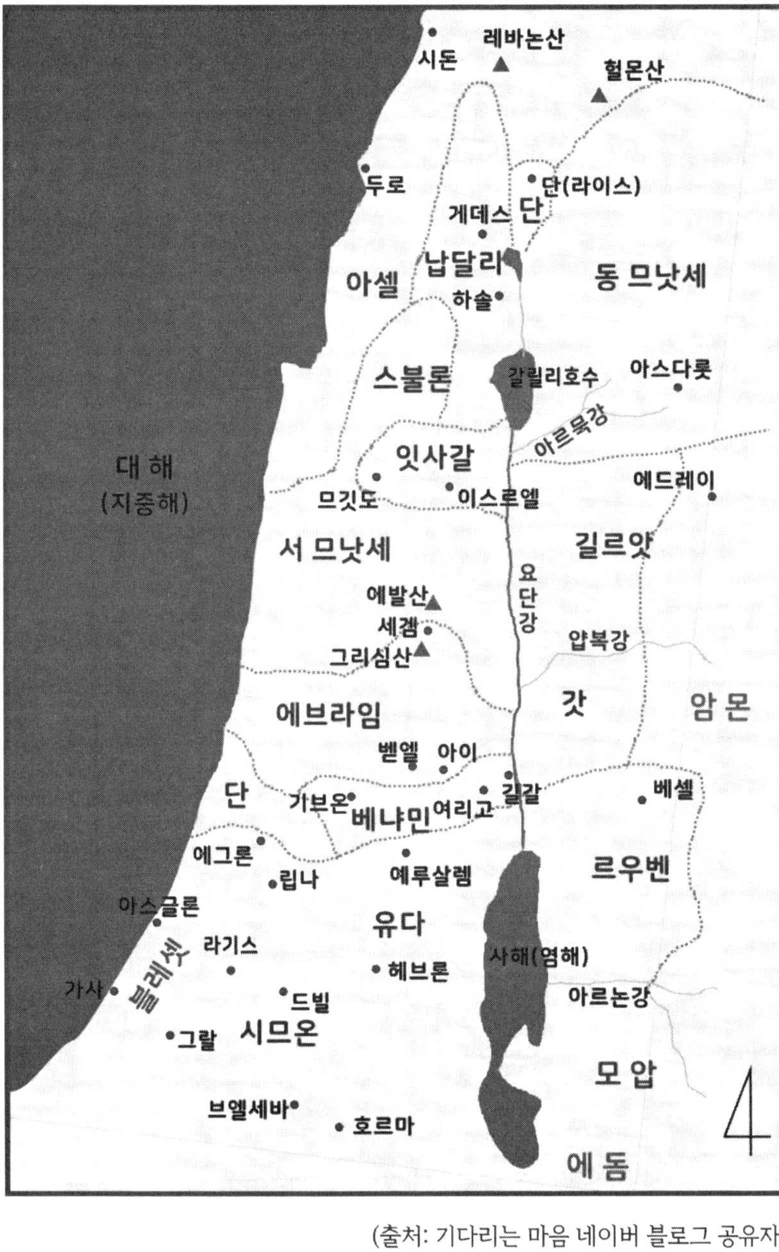

(출처: 기다리는 마음 네이버 블로그 공유자료)

사사기

옷에 삼가할 것은 진**드기**이므로 **돌야**산에서 옷을 갈아**입**고, 그래도 **입산**하는 **애들**은 **압도**적으로 **세** 가지를 **손**해본다.

상기 의미상 문장은 옷니엘, 에훗, 삼갈, 드보라, 기드온, 돌라, 야일, 입다, 입산, 엘론, 압돈, 삼손을 의미합니다. 12명 사사의 이름입니다. 바락, 엘리, 사무엘까지 포함하면 15명의 사사입니다. 옷니엘은 메소포타미아 구산리사다임에게서 백성을 구하고, 에훗은 모압에서, 삼갈은 블레셋, 드보라와 바락은 가나안족속(야빈, 시스라), 기드온은 미디안, 입다는 암몬, 삼손은 블레셋에서 민족을 구합니다. **삼자가 들어가는 사사는 모두 블레셋과 관계합니다.** 이스라엘백성들은 가나안 족속을 멸절하지 않고 심지어 그들이 섬기는 신들을 섬기는 죄를 계속 저지릅니다. 여호수아 2장 13절에 이스라엘 백성이 여호와를 버리고 바알과 아스다롯을 섬긴다고 나옵니다. 게다가 3장 6절에 가나안 족속들의 여자를 아내로 삼고 자기 딸을 그들에게 주고 그들의 신들을 섬겼다고 나옵니다. 게다가 블레셋과 네피림, 아낙자손은 호전적이며 강한 민족이어서 정복도 어려운 실정이었습니다. 하나님은 적들을 통해 이스라엘백성들의 삶을 고달프게 합니다. 죄를 회개하고 하나님께 부르짖을 때 하나님은 사사를 보내주십니다. 사사가 죽으면 다시 죄를 짓습니다. 거룩한 나라 거룩한 백성을 요구하시는 하나님의 뜻에 철저히 반하는 행동을 합니다. 성막과 제사, 즉 율법과 제사장이 무너진 시기입니다. 1~2장은 죄에 빠진 이스라엘, 3~16장은 12명의 사사의 행적이 나옵니다. 17~21장은 레위인들의 피폐한 모습을 보여줍니다. 미가라는 개인 사람이 자기의 복을 비는 레위인을 두는 사건과 베냐민지파 기브아땅에서 에브라임지파 출신 레위인의 첩이 기브아 불량배들에게 당하는 사건을 통해 베냐민지파와 나머지 11

지파 간에 전쟁이 일어납니다. 미가 신상사건과 레위인의 첩 사건이 사사기의 대표적인 사건입니다. 사사기 17:6, 21:25에서 **"그때에 이스라엘에 왕이 없으므로 사람이 각기 자기의 소견에 옳은 대로 행하였더라"** 말하고 있습니다. BC1,400년부터 사울이 왕이 되는 BC1,050년까지 약 350년의 사사시대 동안 하나님을 기쁘시게 하는 일들은 거의 찾아볼 수가 없습니다. 사사기는 이스라엘 백성이 가나안의 신을 섬기고 우상을 숭배하는 타락에서 시작하여 하나님의 심판, 이스라엘 백성의 회개, 사사들을 통한 구원, 이를 통한 평화가 반복적으로 이루어지는 성경에서 가장 암울한 시기를 다루고 있습니다. 사사는 왕정시대가 오기 전까지 이스라엘을 통치했던 정치적, 군사적 리더를 말합니다. 사사는 히브리어로 쇼페트라고 하고 '재판한다, 다스리다'라는 의미를 갖고 있습니다. 평시에는 정치, 행정을 담당하고 전쟁 시에는 군사적 리더로 역할을 감당합니다.

사사기 2:16

여호와께서 사사들을 세우사 노략자의 손에서 그들을 구원하게 하셨으나

사사기 21:25

그 때에 이스라엘에 왕이 없으므로 사람이 각기 자기의 소견에 옳은 대로 행하였더라

***12사사의 이스라엘 활동지역**

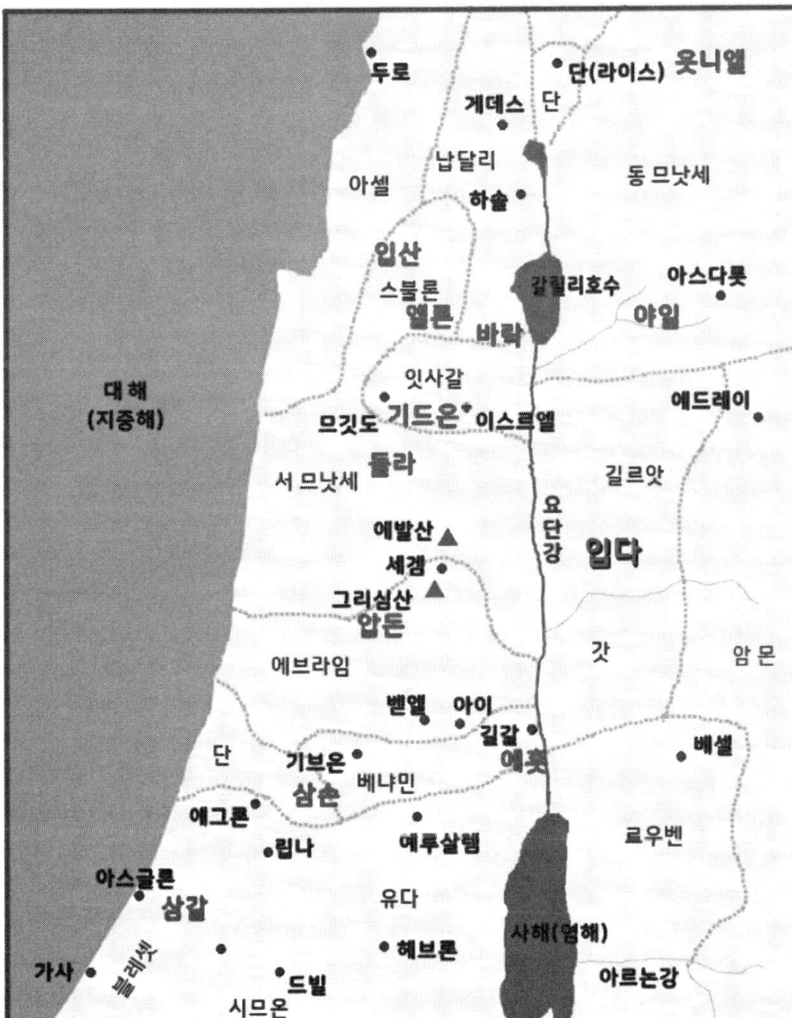

(출처: 기다리는 마음 네이버 블로그 공유자료)

룻기

총 4장으로 구성된 룻기를 보겠습니다. 룻기는 암기하는 성경이 아니라 이해만 하면 되는 성경입니다. 짧고 간단명료하여 이야기식으로 이해하는 편이 좋습니다. 특별히 외울 것도 없습니다. 룻기는 이방여인을 통해 예수님의 계보를 잇는다는 점 때문에 유명한 성경입니다. 사사시대가 배경이지만 성경 전반적으로 전쟁과 음란, 우상숭배 등 문제점을 볼 수 없을 만큼 고요합니다.

본문을 이해하기 위해선 계대결혼법, 고엘제도 등을 알면 이해하는 데 쉽습니다. 계대결혼법은 시형제 결혼법이라고도 하고 좁게는 형사취수제(兄死娶嫂制)라고도 합니다. 계대결혼법은 형이 자식이 없는 상태에서 사망하면 그 동생이 형수를 책임지는 제도이고 신명기 25장 5~10절에 자세한 설명이 있고 고엘제도는 사회의 약자. 즉 과부, 고아 등은 그 친족이 대속하여 무른다는 제도입니다. 이사야 43:1에 나옵니다.

룻기의 등장인물은 룻, 엘리멜렉, 나오미, 오르바, 말론, 기룐입니다. 엘리멜렉 가족은 베들레헴에 흉년이 들어 모압으로 이사를 갑니다. 엘리멜렉이 모압에서 죽은 후 두 아들은 모압여인 룻과 오르바와 결혼하지만 두 아들도 모압에서 차례로 죽습니다. 오르바는 모압 자기 식구들에게 돌아가고 룻은 룻기1:16 **"어머니의 하나님이 나의 하나님"**이라는 유명한 말을 하고 나오미와 함께 베들레헴으로 귀향합니다. 먹을 것을 구하러 밭에서 곡식 이삭을 줍다가 엘리멜렉의 친족인 보아스를 룻이 만나게 됩니다. 그 밭은 보아스의 밭입니다. 보아스는 룻에 대한 배려와 관심을 보입니다. 나오미와 룻은 본인들 기업 무를 자로 보아스를 택하지만 보아스는 더 가까운 친족이 있다고 말하며 규례를 지키고자 말하지만, 더 가까운 친족은 포기하게 되자 보아스가

룻을 아내로 맞이합니다. 야곱의 아들 유다와 며느리 다말 사이에 베레스가 있고 계보를 이어 살몬이 태어나고 살몬과 라합이 결혼하여 보아스가 나오고 보아스와 룻이 결혼하여 오벳이 나오고 오벳 다음으로 이새가 나오고 다윗이 태어나고 나중에 예수님이 탄생하십니다. 하나님이 신실한 백성을 통해 예수 그리스도의 세상 구원이 이어집니다. **하나님의 역사는 다말을 통해, 이방여인 기생 라합과 룻을 통해 계승되고 있습니다. 놀랍지 않습니까!** 주님의 복음과 하나님의 역사는 온 세계에 열려 있음을 알 수 있습니다. 다말과 같은 창녀에게도 이방인에게도 모두 열려 있습니다. 어느 한 민족에게만 열려 있는 게 아닙니다. 죄 사함을 받고 하나님을 찬양하고 신실한 백성이면 누구나 하나님의 구원 열차에 탈 수 있습니다. 하나님의 위대하심과 거룩하심과 자비로우심을 알 수 있습니다.

룻기 1:16
어머니께서 가시는 곳에 나도 가고 어머니께서 머무시는 곳에서 나도 머물겠나이다. 어머니의 백성이 나의 백성이 되고 어머니의 하나님이 나의 하나님이 되시리니

비슷한 이름을 구별하여 외우는 방법

유난히 성경에는 4자로 되어 있는 이름이 많습니다. 오네시모, 니고데모, 바돌로매, 스룹바벨, 엘리사벳, 데오빌로, 실루아노, 여호사밧, 비느하스, 므두셀라 등의 4자 이름은 각각의 특징이 있고 그렇게 유사한 이름이 없습니다. 여호야김과 여호야긴, 르호보암과 여로보암, 히스기야와 시드기야, 느헤미야와 예레미야 등의 4자 이름은 약간 비슷하긴 하지만 성경공부를 하다가 보면 구별하는 데 큰 어려움이 없습니다. 위에서 열거한 이름들을 검색하다가 보면 성경을 묵상하거나 이해하는 데 많은 도움이 되므로 꼭 찾아보시기 바랍니다. 그러나 항상 성경을 볼 때마다 혼돈이 오는 이름이 있습니다. 그 이름들을 정리하였습니다. 특별히 아비멜렉이라는 이름이 자주 등장합니다. 사라를 아내로 취하려 했던 그랄왕, 리브가를 아내로 취하려 했던 블레셋 사람들의 왕, 사사기 때 기드온의 아들, 다윗왕 때 제사장으로 임명을 받은 아비아달의 아들이 모두 아비멜렉이라는 이름을 갖고 있습니다. 아비아달의 아들인 아비멜렉은 사무엘하에서는 아히멜렉으로 나옵니다.

이름	성경 구절	내용	암기방법
멜기 **세덱**	창 14:18	전쟁에 승리한 아브라함을 **맞이한 살렘**의 왕	**설레**는 마음으로 신랑을 **맞이한 새댁**
아비 멜렉	창20	아브라함의 아내 사라를 아내로 삼으려 했던 그랄왕	남의 여자를 넘보는 이가 항상 **아비**
엘리 에셀	창15:2	이삭이 없었다면 아브라함의 상속자가 될 번했던 종	**아브라함종=엘리에셀**

이름	성경 구절	내용	암기방법
아비 멜렉	창26	리브가를 아내로 삼으려 했던 블레셋사람들의 왕	남의 여자를 넘보는 이가 항상 **아비**
브엘 세바	창 21:33	아브라함이 영원하신 여호와의 이름을 부른 곳	**엘을 부르다=브엘**, 엘은 여호와를 의미
엘리 **에**셀	출18:4	**모세**의 아들, **세**에 악센트	모**세**이므로 **에**셀 또는 **모세아들=엘리에셀**
엘르 **아**살	레10:6	**아**론의 아들, **아**에 악센트	**아**론이므로 **아**살
아비 멜렉	삿8:31	사사기 때 기드온의 아들	70형제를 죽인 이는 **아비**
에벤 에셀	삼상 7:12	하나님이 미스바~센 사이 여기까지 도우셨다.	**도우셨다=에벤에셀**
아히 멜렉	삼하 8:17	다윗왕 때 아비아달의 아들 (대상18:16 아비멜렉)	**다윗제사장=아히멜렉**
엘리 멜렉	룻1:2	베들레헴 출신이며 룻기에 나오는 나오미의 남편	**나오미남편=엘리멜렉**
나다 나엘	요1:45	갈릴리 가나사람, 바돌로매와 동일인 추정, 빌립이 예수님께 소개시켜 준 사람	**바돌로매=나다나엘**

사무엘상

원래 사무엘상과 사무엘하는 한 권의 책이었습니다. 사무엘상을 같이 볼까요! 사무엘상 1~8장은 사무엘에 관한, 9~15장은 사울에 관한, 16~31장은 다윗에 관한 이야기입니다. **사무엘상도 사사다!** 라고 암기하시기 바랍니다. 사사다의 뜻은 **사**무엘, **사**울, **다**윗의 이야기가 사무엘상에 나옴을 의미합니다. 사울은 BC1,050년경에 즉위, 다윗은 BC1,010년경에 즉위, 솔로몬은 BC970년경에 즉위합니다. 40년 기간으로 왕위를 이어받습니다. 두란노에서 출판한 《Holman Bible Atlas》 책에서는 사울이 BC1,020년에 즉위했다고 나옵니다. 30년 후에 즉위한다고 되어 있습니다. 본인은 BC1,050년을 주장하는 조병호 박사의 통성경 자료를 근거로 합니다. 솔로몬도 BC931년에 나라가 두 개로 나누어지니 거의 40년을 통치한 셈입니다. 그러나 존 브라이트의 《이스라엘의 역사》 책에서는 솔로몬의 재위기간이 BC961~922이라고 말하고 있습니다. 존 브라이트는 이스라엘 역사에 관한 한 세계적인 권위자로 알려져 있습니다. 이에 따라 몇몇 서적들은 이스라엘이 북이스라엘과 남유다로 나누어진 시기를 BC922로 봅니다. 그러나 본인은 성경역사학자도 아니고 구약을 가르치는 교수는 더더욱 아닙니다. 연도에 관한 한 보는 견해에 따라 달라지므로 어디가 맞다 틀리다 고집하고 싶지는 않습니다. 그래서 조병호 박사의 통성경을 따르고자 합니다. 그리고 추가적으로 성서연구의 세계적인 권위자인 존 드레인이 쓴 《성경의 탄생》이라는 책에선 솔로몬의 통치기간을 BC970~930으로 봅니다. 통성경과 일치합니다. 박광석 목사의 《요점성경공부(두란노)》 책에서도 사울, 다윗, 솔로몬의 재위기간이 조병호 박사가 주장한 재위기간과 동일합니다. 따라서 저자와 책에 따라서 통치 시기가 조금씩 다르다고 보시면 됩니다. 더 정확하게 알고 싶다면 그 부분은 독자의 몫입니다. 본인이 이 책을 쓴 목적은 성경의 줄기와 뼈대를 기억하는 데 있기 때문에 연도의 차이는 더 이상 언급하지 않습니다.

신실한 여인 한나의 간절한 기도로 아들 사무엘을 낳고 하나님께 서원한 대로 엘리 제사장에게 맡기고 성전생활을 시작합니다. 엘리의 두 아들 홉니와 비느하스는 악하여 제사장의 후계가 되지 못합니다. 블레셋전쟁에서 두 아들을 잃고 법궤도 빼앗겨 엘리 제사장도 죽습니다. 블레셋은 전염병이 돌아 기럇여아림으로 법궤를 돌려보냅니다. 좀 더 자세히 언급하자면 이스라엘은 법궤를 블레셋에게 빼앗기고 블레셋 사람들은 법궤를 에벤에셀에서 아스돗으로 옮겼습니다. 독한 종기의 고통으로 아스돗에서 가드로 옮깁니다. 다시 가드에서 에그론으로 이동합니다. 에그론에서 벧세메스로 옮겨집니다. 다시 기럇여아림으로 갑니다. 거기사람 아비나답의 집에 두고 그의 아들 엘리아살이 법궤를 지킵니다. 사무엘이 제사장직을 승계하고 라마-벧엘-길갈-미스바 지역 순으로 신앙부흥 순회성회를 합니다. **라벧길미**로 기억하세요. **라벧길미,** 즉 네 지역은 예루살렘 서북쪽 근방에 위치합니다.

사무엘 아들들의 악행을 목도한 장로들은 왕의 추대를 요구하여 BC1,050 라마에서 사울을 왕으로 추대합니다. 사울은 야베스 길르앗에서 암몬의 나하스왕을 격퇴함으로 왕으로의 자리를 굳건히 지키게 됩니다. 그러나 길갈에서 부정한 제사와 아말렉 전투에서 아말렉을 완전히 진멸하라는 하나님의 명령을 어기고 전리품까지 챙긴 죄악으로 하나님과 사무엘로부터 멀어집니다. 사무엘상 15장 22절에서 사울이 자기가 취한 행동을 변호하자 사무엘이 사울에게 "**순종이 제사보다 낫고 듣는 것이 숫양의 기름보다 나으니**"라고 말합니다. 사무엘상 15장을 앞으로 순종장이라고 부르겠습니다. **사무엘상15장= 순종장**, **사무엘상 15장= 순종장,** 사무엘상 16장에 사울을 이어 왕으로 기름부음 받을 자를 사무엘이 이새의 아들 엘리압을 언급하니 하나님께서 7절에 **"사람은 외모를 보거니와 나 여호와는 중심을 보느니라"** 말씀하십니다. 그래서 앞으로 사무엘상 16장을 중심장이라고 부르겠습니다. **사무엘상16장=중심장, 사무엘상 16장= 중심장,** 사무엘상이 총 31장으로 구성되어 있으니 16장은 중심이기도 합니다. 하나님께서 외모를 보지 않고 중심을 보신다는 말씀에 본인도 많은 위로가 되었습니다. 하하. 그렇다고 본인의 중심이 하나님 앞에서 떳떳하다거나 성결한 것은 아닙니다. 이스라엘 북쪽에서 시계방향으로 아람(1시 방향)-암몬-모압-에돔-아말렉-블레셋(9시 방향)이 위치합니다. 사무엘은 베들레헴 사람 이새의 아들 다윗에게 기름을 붓습니다. 엘라골짜기에서 골리앗을 죽임으로 유명해지기 시작합니다. 사울의 군대장관이 되었으나 사울의 질투로 도망자 신세가 됩니다. 사무엘상 18장 7절에 사울이 죽인 자는 천천이요 다윗이 죽인 자는 만만이라는 여인들의 말에 불쾌해하며 8절에 다윗을 그때부터 주목한다고 성경에 나옵니다. 사무엘상 18장부터 마지막 31장까지가 계속 다윗을 죽이려는 사울의 불필요하고 무모한 추격전이 이루어집니다. 다윗은 라마에서 놉으로, 다시 가드로, 다시 헤브론 아둘람굴로 갑니다. 다시 모압으로 망명합니다. 선지자 갓의 권유로, 유다로 귀환합니다. 그러다 사울의 추격으로 다시 라마-놉-아둘람-엔게디황무지로 도망을 다닙니다. 블레셋 아기스왕에게 갑니다. 사울과 블레셋과의 길보아산 전쟁에서 사울과 세 아들이 전사합니다. 길보아산 오른쪽 벧산 성벽에 시체들이 걸리나 야베스 길르앗 사람들이 장례를 치러줍니다. 사무엘상 11장에서 암몬 사람 나하스가 길르앗 야베스 사람들을 죽이겠다고 겁을 주니 그 이야기를 들은 사울이 이스라엘 자손 삼십만 명과 유다 사람 십만 명을 베섹이라는 곳에 모읍니다. 그리고 모압 사람들을 모조리 칩니다. 이 일로 길르앗 야베스 사람들은 사울에게 큰 은혜를 입었기에 장례를 치르게 됩니다. 사울은 영적으로 둔한 자였고, 다윗은 하나님의 사람이었습니다. 또한 그는 하나님께 순종하는 왕이었습니다.

사무엘상 17:45

다윗이 블레셋 사람에게 이르되 너는 칼과 창과 단창으로 내게 나아 오거니와 나는 만군의 여호와의 이름 곧 네가 모욕하는 이스라엘 군대의 하나님의 이름으로 네게 나아가노라

사무엘상 18:7

사울이 죽인 자는 천천이요 다윗은 만만이로다

사무엘하

사무엘상하는 열왕기서와 같이 원래 한 권의 책이었습니다. 사무엘하는 24장으로 구성되어 있고 사울이 죽은 후 사울의 신하 아브넬이 사울의 아들 이스보셋을 **마하나임**에서 11지파를 규합하여 왕으로 추대합니다. 이때 이스보셋의 나이가 40세입니다(삼하2:10). 다윗은 유다지파로만 **헤브론**에서 왕이 됩니다. 아브넬이 북쪽지파의 실권을 다윗에게 넘겨주고자 왔다가 돌아가는 길에 아브넬과 원수지간인 요압에게 암살당합니다. 암살된 이유는 아브넬이 기브온 전투에서 요압의 동생 아사헬을 죽였기 때문입니다(삼하3:30). 그러나 암살 주동자라는 오해를 풀고 다윗은 통일이스라엘 왕국의 왕이 됩니다. 다윗왕국이 튼튼해질 때 자식을 많이 낳기 시작합니다. 3장에서 다윗이 헤브론에서 아들을 낳습니다. 다시 5장에서 예루살렘으로 수도를 옮긴 이후 아들을 낳습니다. 다윗의 아들 중 암논, 압살롬, 아도니야, 솔로몬이 역사에서 등장합니다.

헤브론		예루살렘
다윗의 처첩	다윗의 아들	다윗의 아들
아비노암	암논(친구 요나답)	삼무아, 소밥, 나단, 솔로몬(어머니 밧세바), 입할, 엘리수아, 네벡, 야비아, 엘리사마, 엘리벨렛
아비가일	길르압	
마아가	압살롬(누이 다말)	
학깃	아도니야	
아비달	스바댜	
에글라	이드르암	

사무엘하 8장 17절에 아비아달의 아들 아히멜렉이 나옵니다. 아히멜렉은 다윗왕국의 제사장으로 선발된 인물입니다. **창세기에서 가나안 그랄왕 아비멜렉, 룻기 나오미의 남편 엘리멜렉, 다윗의 제사장 아히멜렉은 모두 멜렉으로 끝나는 멜렉 삼총사입니다.** 가장 먼저이니 **아비**, 중간은 **엘리**, 가장 나중이니 **아히**라고 외우시면 오래오래 기억할 수 있습니다. 아히멜렉이 제사장이 될 때 아히둡의 아들 사독도 제사장으로 선발됩니다. 대제사장 아론의 아들인 엘르아살의 후손이라고 추측되어지고 있습니다. 외울 때 잘 구분하라고 한 번 더 언급하였습니다. 수도를 예루살렘으로 옮기고 기럇여아림에 있던 법궤를 고핫자손이 어깨에 메고 수도로 옮깁니다. 다윗은 성전을 짓는 거룩한 일을 계획합니다.

다윗왕국이 내리막길을 걷게 되는 사건이 사무엘하 11장에 나옵니다. 군대장관 우리아의 아내 밧세바를 범하고 우리아를 죽인 다윗의 악행을 나단선지자가 책망합니다. 회개하지만 다윗의 죄에 대한 징계가 사무엘하 11장에서 24장까지 내용입니다. 죄의 대가는 큽니다. 무려 징계와 관련하여 사무엘하는 14장이나 할애합니다. 암논이 이복누이 다말을 강간하고 압살롬이 암논을 죽이고 압살롬이 반역을 일으키지만 실패합니다. 다윗은 인생 말년에 업적과 시로 인구조사를 실시하고서 다시 회개하고 오르난의 타작마당에 제사를 지내는데, 이곳이 솔로몬성전의 위치이고 이삭을 제사 지내려 했던 모리아산이기도 합니다. 다윗도 사울처럼 죄 가운데 있었던 왕이었습니다. 그러나 그가 하나님으로부터 인정받았던 이유는 자신을 대적하는 자에게도 긍휼을 베풀었다는 것과 나단 선지자가 다윗의 죄를 책망할 때 진실로 회개하였다는 것입니다. 자기를 죽이려 했던 사울이 죽자 슬퍼했고, 아브넬을 애도하고, 이스보셋을 장사 지내주고, 시므이를 용서하고, 므비보셋과 함께 식탁에서 식사했습니다. 다윗의 넓은 마음을 읽을 수 있습니다. 다윗은 사무엘상 2장 20절의 **"나를 존중히 여기는 자를 내가 존중히 여기고 나를 멸시하는 자를 내가 경멸하리라"**라는 말씀을 평생 동안 지킨 위대한 하나님의 왕이었습니다.

사무엘하 22:7
내가 환난 중에서 여호와께 아뢰며 나의 하나님께 아뢰었더니 그가 그의 성전에서 내 목소리를 들으심이여 나의 부르짖음이 그의 귀에 들렸도다.

*** 다윗의 형제자매와 조카들 계보**

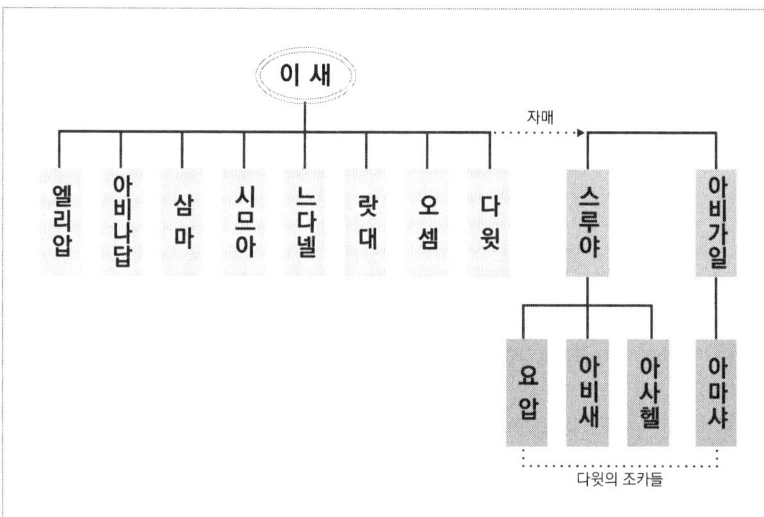

(출처: 기다리는 마음 네이버 블로그 공유자료)

사울과 다윗 이야기

왕	직위	가족	자녀	추종자/ 배반자	지은 죄
사울	이스라엘 초대왕 (BC1,050 ~1,010)	〈아버지〉 베냐민지파 기스	〈아들〉 요나단, 아비나답, 말기수아, 이스보셋 〈딸〉 메랍, 미갈 〈아내〉 아히노암 등	아브넬, 도엑 / 아히멜렉, 아비아달, 사독	번제를 직접 드리고 아말렉을 진멸하지 않음. (삼상13:9, 15:9)
다윗	이스라엘 제2대왕 (BC1,010 ~970)	〈아버지〉 유다지파 이새 〈형제〉 엘리압, 아비나답, 삼마	〈아들〉 암논, 길르압, 압살롬 등 〈딸〉 다말 〈아내〉 비갈, 아히노암, 아비가일 등	요압, 아비새, 아사헬, 잇대, 후새, 바르실래 / 압살롬, 아히도벨	부하 아내와 동침하고, 충직한 부하를 증거인멸 위해 죽임.

사무엘 사사 말기에 백성들이 왕을 요구하므로 하나님께서 사무엘에게 왕을 세우라 하십니다(삼상8:22). 사무엘은 베냐민지파 기스의 아들 사울을 왕으로 추대합니다. 사울은 크게 길르앗 야베스전투, 믹마스전투, 아말렉전투, 엘라전투, 길보아전투 등을 치르는데 엘라전투에서 다윗이 골리앗을 물리치면서 다윗이 이스라엘 역사 전면에 등장합니다. 다윗의 형제 중에 아비나답

이 있는데 사울의 아들 중에도 아비나답이 있습니다. 사울의 아들 중에 이스보셋이 있는데 요나단의 아들 므비보셋도 있습니다. 사울의 아내 중에 아히노암이 있고 다윗의 아내 중에도 이스르엘 여인 아히노암이 있습니다. 다윗의 추종세력이 많고, 처음에는 사울의 편이지만 후에 배반하고 다윗을 도와준 사람도 많습니다. 심지어 미갈과 요나단은 사울의 자녀들입니다. 요압, 아비새, 아사헬은 다윗의 조카들입니다. 사울과 다윗의 지은 죄를 보면 얼핏 보면 다윗의 지은 죄가 더 크게 보입니다. 번제를 직접 드리지만 어찌되었든 사울은 제사를 드립니다. 아말렉은 원수이긴 하지만 안타까움에 다 죽이지 않고 살려 두었다고 하나님께 항변을 할 수도 있습니다. 그러나 다윗은 음행의 죄를 저지르고 자기 죄를 은폐하기 위해 충직한 자기 신하를 맹렬한 격전지로 보내어 죽입니다. 죄의 경중을 따지는 것은 우리 성도의 몫은 아닙니다. 사울은 사무엘의 책망에도 회개하지 않았지만 다윗은 나단 선지자의 책망에 깊은 회개를 합니다. 사울처럼 변명을 말하지 않습니다. 사울은 다분히 인간중심적이라면 다윗은 하나님 중심적입니다. 법궤가 예루살렘에 들어올 때 덩실덩실 춤을 추는 것을 볼 때 하나님에 대한 절실한 사랑과 순종이 마음 깊숙이 내재되어 있음을 볼 수 있습니다.

이스보셋과 압살롬 이야기

구분	아버지	희망사항	조력자	주요사건	결과
이스 보셋	사울	왕의 공식 후계자	아브넬	아브넬이 아사헬을 죽임, 요압이 아브넬을 죽임.	바아나와 레갑이 배반하고 이스보셋을 죽임, 북이스라엘 지파들이 다윗의 유다 지파에게 귀속(삼하5:1~2)
압살롬	다윗	왕의 공식 후계자	아히 도벨	후새가 압살롬 진영잠입 책사 역할, 아히도벨 자살	다윗의 요압, 아비새, 잇대 군대가 압살롬 군대를 무찌르고 요압이 압살롬을 죽임.

사울이 길보아전투에서 전사하자 그의 아들 이스보셋이 군사령관 아브넬의 지원을 받아 왕 노릇 합니다. 아브넬이 사울의 첩들과 통간을 하자 이스보셋이 아브넬을 책망하게 되고, 불만을 품은 아브넬은 다윗에게 이스보셋에 속한 북쪽지파 나라를 다윗에 넘기기로 언약을 맺습니다. 그러나 도중에 헤브론에 있던 동생을 죽인 원수 아브넬을 요압이 살해합니다. 이스라엘 12지파가 모두 다윗을 왕으로 추대합니다(삼하5:1~2). 다윗은 수도를 예루살렘으로 옮기고, 언약궤도 기랏여아림에서 예루살렘으로 옮깁니다. 언약궤가 예루살렘으로 오는 과정이 매우 흥미롭습니다. 사무엘상 7장 1절에 기랏여아림의 아비나답의 집에 보관합니다. 무려 20년이란 긴 세월 동안 보관합니다. 사무엘하 6장에 다윗이 언약궤를 다윗성으로 옮기려고 합니다. 아비나답의 아들 웃사와 아효가 수레를 몹니다. 나곤의 타작마당에 이를 때 소들이 뛰므

로 웃사가 손으로 궤를 붙듭니다. 웃사가 붙들었다고 웃사가 죽습니다. 사무엘하 6장 8절에 다윗이 분하므로 그곳을 베레스웃사라 명명합니다. 법궤가 손상될까봐 손으로 붙든 건데 웃사가 죽으니 다윗이 두려워 가드사람 오벧에돔의 집에 석 달간 둡니다. 하나님께서 오벧에돔의 집에 복을 주셨다함을 듣고 힘을 내어 다시 다윗성으로 옮깁니다. '웃사가 법궤를 손으로 만졌다고 죽이는 것은 너무하지 않느냐?'라고 반문할 수 있습니다. 그래서 다윗도 분을 냅니다. 그러나 민수기 7장 9절과 4장 15절을 보면 무엇이 잘못인지 나옵니다. 간혹 우리의 잘못된 열심과 노력이, 우리 생각에 맞다고 방식을 바꿀 때 하나님의 법도를 어기는 적은 없는지 살펴보아야 합니다.

암몬과의 전쟁 중에 부하 우리아의 아내 밧세바와 동침하는 사건으로 다윗은 하나님으로부터 징계를 받게 됩니다. 또, 대표적으로 아들 압살롬이 반역하는 사건이 일어나고 부하 후새와 요압, 아비새, 잇대에 의해 압살롬과 아히도벨이 제거되면서 반란은 평정됩니다. 다윗은 두 번이나 사울을 죽일 수 있는 기회가 있었음에도 사용하지 않았으며, 죽은 이스보셋과 아브넬을 위해 장사를 지내 주었고, 압살롬을 피해 도망가던 자신을 조롱하고 저주했던 시므이를 용서하였으며, 요나단의 아들 므비보셋을 예루살렘에서 극진히 보살펴 주었습니다. 다윗의 위대함은 용서에서 비롯됩니다. 자비와 배려는 주위 사람을 모이게 합니다.

열왕기상

열왕기상을 같이 보겠습니다. 솔로몬이 정식 왕이 되기 전 헤브론에서 태어난 압살롬의 동생 아도니야가 잠시 왕의 자리를 꿈꿉니다. 선지자 나단의 도움으로 솔로몬이 왕이 됩니다. 다윗은 헤브론에서 7년, 예루살렘에서 33년을 통치하고 다윗성에 장사되었습니다. 30세에 왕이 되었으니 70년 살다가 생을 마감합니다. 아도니야가 다윗을 시중들던 처녀 아비삭을 요구하다 솔로몬의 지시로 여호야다의 아들 브나야에게 죽습니다. 아도니야를 추종했던 아비아달은 추방하고 요압은 브나야가 또 죽입니다. 아비아달의 후임으로 제사장 사독을 임명하고 요압의 후임은 브나야가 됩니다. 솔로몬과의 약속을 어긴 시므이도 브나야가 죽입니다. 열왕기상은 솔로몬왕에서 북이스라엘 아하시야왕 때까지 역사입니다. 1~10장은 솔로몬의 통치이야기입니다. 솔로몬이 기브온에서 일천 번제를 드릴 때 하나님께서 솔로몬에게 무엇을 줄까 물으실 때 지혜를 구하는 장면이 열왕기상 3장 4~9절에 나옵니다. 특별히 하나님은 솔로몬의 합당한 간구에 마음이 짠하여 3장 11~14절에 부귀와 영광을 덤으로 솔로몬에게 주십니다. 솔로몬성전을 7년 만에 완공합니다(왕상6:38). 열왕기상 11장은 솔로몬이 나락으로 떨어지는 장면이 나옵니다. 모압, 암몬, 에돔, 시돈 등의 여인들과 통혼하지 말라고 하나님이 말씀하셨으나 솔로몬이 하나님의 명령을 어깁니다. 시돈의 아스다롯, 암몬의 밀곰과 몰록, 모압의 그모스 등 다른 신, 즉 우상을 섬깁니다. 후궁이 700명, 첩이 300명입니다. 그래서 11~16장은 솔로몬의 죽음과 왕국 분열을 보여줍니다. 북이스라엘은 여로보암, 남유다는 르호보암이 나라를 다스립니다. 그러나 모두 우상숭배의 죄를 저지릅니다. 17~22장은 아합에 대해 이야기합니다. 아합은 북이스라엘에서 가장 악한 왕입니다. 악한 왕이므로 남의 팔을 칠 사람, 남의 팔을 때릴 사람입니다.

팔을 칠 사람이다.

BC874년에 즉위합니다. 이방여인 이세벨을 왕비로 삼아 바알신을 섬깁니다. 엘리야 선지자가 나타나 회개하라고 외칩니다. 바알 예언자와 므깃도 옆에 위치한 갈멜산에서 겨루어 승리하고 바알예언자 450명이 죽습니다. 이세벨의 위협(왕상19:2) 때문에 광야로 도망갑니다. 갈멜산에서 도망한 곳인 시므온지파의 중심에 위치한 브엘세바는 상당한 거리입니다. 구약성경의 도망가는 장면을 보면, 매우 멀리 가는 경우를 자주 보게 됩니다. 모세도 애굽에서 미디안광야까지 도망갔고, 다윗은 사울을 피해 놉, 그일라, 아둘람굴로 도망하였습니다. 아합은 아람과의 전쟁에서 이기고 나봇의 포도밭을 강탈합니다. 아람과의 이어진 전쟁에서 사망합니다. 아하시야가 왕이 됩니다. 이때부터 엘리사가 활동을 시작합니다. **열왕기상은 솔로몬과 아합과 엘리야의 이야기입니다.** 다시 한번 더 이야기합니다. 열왕기상은 솔로몬, 아합, 엘리야의 이야기입니다.

열왕기상에 나오는 북이스라엘과 남유다왕을 시대순으로 정리해 보겠습니다. 먼저 북이스라엘의 왕들은 **여로보암(BC931)**→나답(BC910)→바아사(BC909)→엘라(BC886)→시므리(BC885)→오므리(BC885)→**아합(BC874)**→아하시야(BC853)입니다. 남유다의 왕들은 **르호보암(BC931)**→아비야(BC913)→아사(BC910)→여호사밧(BC872)입니다. 대선지서를 요약하는 내용 뒤편에서 북이스라엘왕과 남유다왕 암기방법을 알려드립니다.

열왕기상 3:9
누가 주의 이 많은 백성을 재판할 수 있사오리이까 듣는 마음을 종에세 주사 주의 백성을 재판하여 선악을 분별하게 하옵소서

열왕기상 3:11

네가 이것을 구하도다 자기를 위하여 장수하기를 구하지 아니하며 부도 구하지 아니하며 자기 원수의 생명을 멸하기도 구하지 아니하고 오직 송사를 듣고 분별하는 지혜를 구하였으니

열왕기상 18:37

여호와여 내게 응답하옵소서 내게 응답하옵소서 이 백성에게 주 여호와는 하나님이신 것과 주는 그들의 마음을 되돌이키심을 알게 하옵소서 하매

열왕기하

열왕기하를 같이 보겠습니다. 엘리야와 엘리사, 북이스라엘의 멸망과 남유다의 멸망을 다룹니다. 아합이 죽고 아하시야, 여호람이 즉위합니다. 오므리-아합-아하시야-여호람까지가 오므리왕조입니다. 바알신을 섬겼던 악한 왕들입니다. 예후와 여호아하스왕이 이어집니다. 엘리사는 여호아하스왕 때까지 활동합니다. 엘리사는 가난한 과부의 빈 그릇에 기름이 채워지는 기적, 물에 빠진 도끼가 떠오르는 기적, 독이 든 음식을 해독하는 기적, 문둥병에 걸린 아람의 나아만 장군을 고쳐준 기적을 보여줍니다. 엘리사는 예후를 북이스라엘 왕으로 기름을 붓고 예후는 종교개혁을 단행합니다. 갑자기 11장부터 남유다 아달랴 이야기가 시작됩니다. 아달랴 다음으로 요아스가 즉위합니다. 요아스 뒤로 아마샤가 왕이 됩니다. 그 뒤로 웃시야가 왕이 됩니다. 갑자기 17장부터 북이스라엘 멸망이 나옵니다. **BC722년에 앗수르에 멸망당합니다**. 북이스라엘을 통치한 19명의 왕 중에서 올바른 왕, 신실한 왕, 하나님을 제대로 믿은 왕, 하나님께 칭찬받은 왕은 안타깝게도 단 한 명도 없습니다. 갑자기 18장부터는 남유다 **히스기야왕**이 나오고 종교개혁을 단행하고 앗수르에 바치는 조공이 힘들어 애굽과 동맹을 맺어 앗수르를 방어해보지만 앗수르가 침공합니다. 하나님께 기도드려 앗수르 18만 5천 명이 죽습니다. 전쟁 후 큰 병에 걸리지만 기도해 15년간 생명연장의 혜택을 받습니다. 히스기야 후 악한 왕 므낫세와 아몬이 등장하고 그 뒤로 선한왕 **요시야**가 나타납니다. 요시야는 종교개혁과 율법책을 백성들에게 읽게 했습니다. 여호아하스, 여호야김, 여호야긴, 시드기야가 마지막 왕으로 **BC586년에 바벨론에 멸망합니다.** 역대상하는 족보, 다윗, 솔로몬, 남유다 왕들에 대한 내용이 이어집니다. 역대상하는 희망, 새 하늘과 새 땅을 얘기하고 싶은 겁니다. 그래서 족보를 얘기하고 위대한 왕 다윗과 솔로몬을 얘기하고 선한 왕이 많았던 남유다를 기록하고 있습니다. 북이스라엘왕과 남유다왕 암송 방법은 대선지서 요약 다음 쪽에서 언급합니다. 열왕기하에서 꼭 기억해야 하는 것은 두 가지입니다. 북이스라엘이 멸망한 연도와 남유다가 멸망한 연도입니다.

앗수르가 북이스라엘을 멸망시킨 연도 BC722, 호세아왕
바벨론이 남유다를 멸망시킨 연도 BC586, 시드기야왕

열왕기하 17:39

오직 너희 하나님 여호와만을 경외하라 그가 너희를 모든 원수의 손에서 건져내리라

열왕기하 18:6

곧 그가 여호와께 연합하여 그에게서 떠나지 아니하고 여호와께서 모세에게 명령하신 계명을 지켰더라

***북이스라엘 아합과 남유다 여호사밧의 사돈 계보**

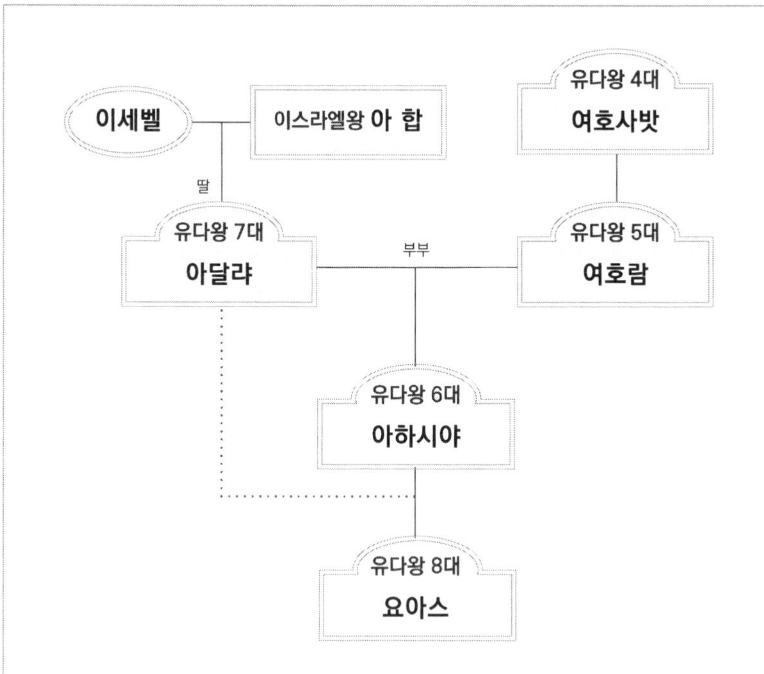

(출처: 기다리는 마음 네이버 블로그 공유자료)

* 남유다 히스기야부터 시드기야까지 왕의 계보

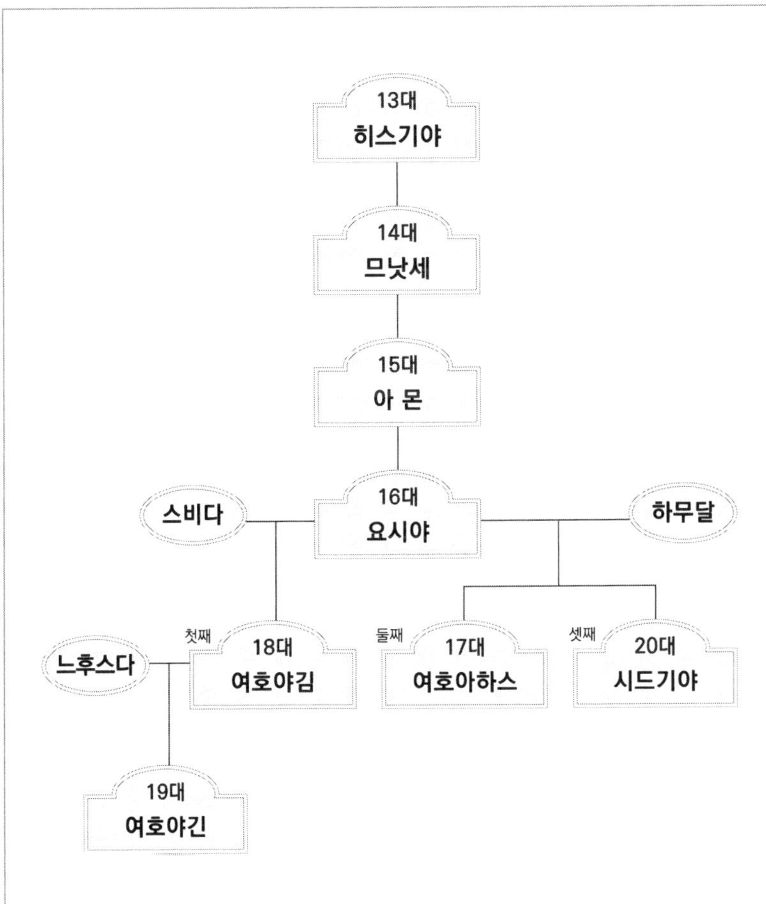

(출처: 기다리는 마음 네이버 블로그 공유자료)

역대상

역대상을 같이 보겠습니다. 아담에서 바벨론 포로까지 기록하고 다윗의 이야기를 합니다. 사무엘하에서 헤브론에서 태어났으며 다윗의 아들 중 갈멜여인 아비가일에서 태어난 자는 길르압이라고 나옵니다. 그런데 역대상 3장 1절에는 아비가일의 아들이 다니엘이라고 되어 있습니다. 몇 가지 문헌에 보면 길르압과 다니엘은 같은 사람으로 보기도하고, 또 어떤 문헌에서는 길르압이 일찍 죽고 다니엘이 아비가일의 둘째 아들이라고도 합니다. 법궤를 예루살렘으로 옮기고 나단을 통해 영원한 제국을 약속합니다. 주변나라들과 싸워 이기지만 인구조사, 즉 병사수를 세면서 하나님만 의지하지 않는 범죄를 저지릅니다. 그러나 성전건축을 준비합니다. 그러나 역대상 28장 3절에서 다윗은 전쟁에서 피를 많이 흘렸으니 하나님의 이름을 위하여 성전을 건축하지 못한다고 하나님께서 말씀하십니다. 역대상 22장 8절에도 다윗은 전쟁에서 피를 많이 흘렸으니 하나님의 이름을 위하여 성전을 건축하지 못한다고 하나님께서 말씀하십니다. 솔로몬이 성전건축을 완성합니다. 다윗이 죽고 솔로몬이 왕이 되었습니다. 역대상은 사무엘하와 내용이 비슷합니다. 다윗에 대한 내용입니다.

사무엘하 ≒ 역대상 ≒ 다윗

위 세 개가 똑같지는 않지만 거의 비슷한 내용을 담고 있다고 암기하세요. 그래야 이해하기 쉽습니다. **다윗은 사무엘의 하인을 좋아하고 역대의 상전을 좋아한다**고 기억하시면 오래갈 겁니다. 역대상을 보면 다윗의 감사의 기도와 찬양이 나옵니다. 다윗이 하나님으로부터 인정을 받았던 이유는 단연코 기도와 찬양입니다. 물론 용맹스럽기도 했지만 자기를 죽이려고 했던 사울을 하나님의 기름부음을 받았다는 이유로 죽이지 않습니다. 그의 삶은 철저하게 하나님 중심이었고 하나님께서 기뻐하시는 것이 무엇인지에 관심이 많았습니다.

역대상 28:7

저가 만일 나의 계명과 규례를 힘써 준행하기를 오늘 날과 같이 하면 내가 그 나라를 영원히 견고케 하리라 하셨느니라

역대하

역대하에 대해 공부합니다. **솔로몬과 남유다왕들의 역사입니다.** 열왕기상은 솔로몬과 아합왕에 대한 이야기이고 열왕기하는 엘리야와 엘리사, 북이스라엘과 남유다의 멸망을 이야기합니다. 역대하는 솔로몬과 남유다왕들의 통치를 이야기합니다. 역대하는 열왕기상하이야기와 비슷하다고 합니다. 그러나 똑같지는 않고 북이스라엘 역사를 제외합니다. **'열왕기상하-북이스라엘역사=역대하'**를 기억하세요. 열왕기상하에서 북이스라엘 역사를 빼면 역대하가 된다는 공식입니다. 39장으로 구성되어 있고, 솔로몬은 지혜의 왕이며 성전을 완공합니다. 역대하 7장에 솔로몬이 하나님께 성전봉헌제사 후 하나님께서 5가지 당부를 하십니다.

솔로몬은 **악**을 행하면서도 **규례**와 **율법**을 **지키고 겸손**하다고 **우기다.**

악한 길에서 떠나라, 규례와 율법을 지켜라, 겸손하라, 우상숭배하지 마라, 기도하라, 다윗과 같이 행하라

하나님은 특별히 말미에 다윗과 같이 행하라고 말씀하십니다. 하나님께서 다윗의 이름을 거론하며 그와 같이 행하라는 표현은 최고의 칭찬입니다. 감사, 찬양, 기도, 회개, 용기, 자비, 배려, 순종, 겸손 등 모든 부분에 본보기를 보여준 구약시대의 최고의 성경 인물입니다.

세금과 노역, 기타의 문제로 이스라엘은 북이스라엘과 남유다로 분리됩니다. 역대하는 남유다 이야기만 합니다. 남유다는 우상숭배, 부도덕, 음란의 죄를 저지릅니다. 그래서 바벨론 포로로 잡혀갑니다. 예루살렘은 파괴되

고 70년 후에 페르시아 고레스왕의 칙령에 의해 남유다로 귀환합니다. 성전을 재건합니다. 열왕기상하가 바벨론 포로 전에 쓰인 것으로 알려져서 주로 북이스라엘과 남유다의 심판을, 역대상하는 포로귀환 이후에 쓰인 것으로 알려져 주로 이스라엘의 회복과 하나님의 영광에 대해 이야기합니다. 열왕기상하는 죄와 심판 등 우울한 이야기가 주라면 역대상하는 회복과 영광 등 기쁘고 희망찬 미래를 이야기합니다. **열**왕기상하는 **열** 받은 일이 많고 **역**대상하는 **역**경을 이겨낸 일이 많나 봅니다.

역대하 6:42

여호와 하나님이여 주의 기름부음 받은 자에게서 얼굴을 돌이키지 마옵시고 주의 종 다윗에게 베푸신 은총을 기억하옵소서

쉬어 가는 코너 - 예루살렘 성전

유대인의 삶은 성전을 중심으로 한 제의적 공동체이며 유한한 인간이 하나님께로 나아갈 수 있는 눈에 보이는 유일한 통로였으며, 4복음서에 예수님의 행적의 시작과 끝을 알려주는 중요한 장소였기에 예루살렘 성전에 대한 지식은 하나님을 조금이나마 이해하는 데 도움을 줄 수 있습니다. 예루살렘 성전이라 함은 솔로몬성전, 스룹바벨성전, 헤롯성전을 말하며 헤롯성전이 로마에 의해 파괴되고 지금은 이슬람이 지배할 당시 세운 황금 돔 사원이 모리아산에 위치하고 있습니다. 모리아산은 하나님이 아브라함에게 독자 이삭을 바치도록 특별히 지정한 장소이며 여부스 사람 오르난의 타작마당에 다윗이 성전으로 정한 곳이기도 합니다. 솔로몬성전은 BC960년에 완공되었고 바벨론에 의해 BC586년에 파괴되었습니다. 페르시아의 노예로 잡혀갔던 유대백성들이 예루살렘 귀환이 허락되면서 BC516년에 스룹바벨성전으로 재건되었습니다. 에돔출신 헤롯이 유대인의 환심을 사기위해 BC18년부터 46년간 스룹바벨성전을 증축한 것이 헤롯성전입니다. 예수님의 4복음서의 공생애는 모두 헤롯성전을 배경으로 합니다. AD70년에 로마에 의해 헤롯성전이 무너지고 이슬람이 예루살렘을 점령한 7세기 말에 지금의 황금 돔 사원이 세워집니다. 황금 돔 사원은 성전은 아닙니다.

성전의 구조를 아는 데 있어서 유대문헌 미쉬나의 지성소를 들어가는 10단계가 도움이 됩니다. 지성소는 대제사장이 1년에 한번 들어 갈 수 있는 성전의 가장 안쪽 방을 의미합니다. 지성소를 가기 위해서는 이스라엘을 가야 하고, 이스라엘의 예루살렘을 가야 하고, 예루살렘의 헤롯성전산을 가야 하고, 헤롯성전산에서 마카비성전산으로 가야 합니다. 마카비성전산에서 이방인의 뜰로 가야 하고, 이방인의 뜰에서 여인의 뜰로 가야 하고, 여인의 뜰에서 이스라엘의 뜰, 이스라엘의 뜰에서 제사장의 뜰로, 제사장의 뜰에서 성소로, 성소에서 법궤가 있는 지성소로 들어가면 됩니다. 예루살렘 성전의 구조를 간단히 기술하자면, 성전 바깥성문은 동쪽에 1개, 서쪽에 4개, 남쪽에 2개, 북쪽에 1개입니다. 성문을 통해 들어가면 성전 바깥뜰이 나옵니다. 이방인의 뜰입니다. 로마에 적대적인 유대인들이 모였던 성전의 동쪽 행각을 솔로몬 행각이라 하고 친 로마주의 유대인들이 모였다는 남쪽 행각을 왕의 행각이라고 합니다. 이방인의 뜰을 지나면 동쪽 솔로몬 행각 쪽에 붙어있는 여인의 뜰이 나오고, 여인의 뜰에서 서쪽으로 이스라엘의 뜰, 제사장의 뜰, 성소, 지성소가 차례대로 위치합니다. 산헤드린 법정은 왕의 행각 동쪽 끝에 위치합니다.

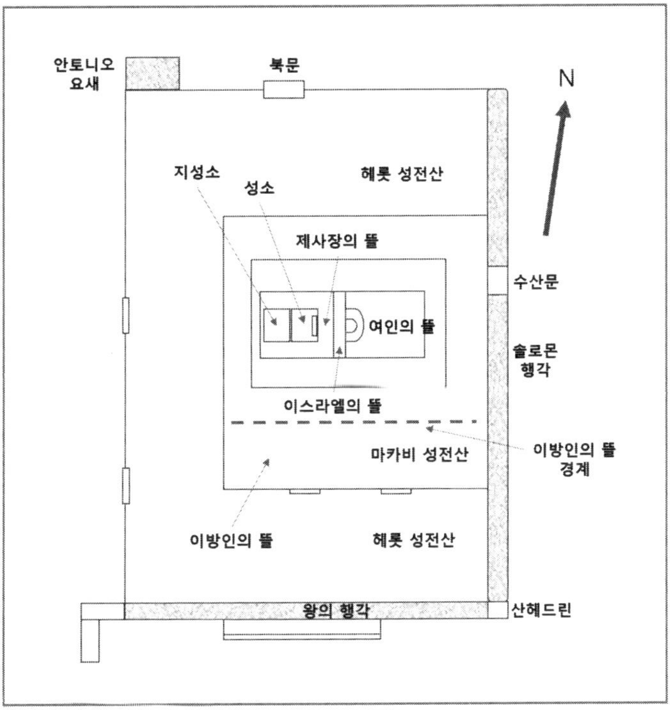

▲ 예루살렘 성전 평면 개략도

에스라서

에스라서와 느헤미야서는 원래 한 권의 책이었습니다. BC3세기 70인 역에서 두 권으로 분리합니다. 에스라는 요시야왕 때 제사장이었던 힐기야의 후손입니다. 에스라는 1차 귀환과 2차 귀환에 모두 관련이 있습니다. 에스라서 1~6장까지는 5만 명의 1차 귀환과 기득권 세력인 사마리아인들의 방해로 성전재건 중단, 학개와 스가랴의 성전재건 독려, 7~10장은 2차 귀환과 에스라의 율법과 규례를 가르치고 신앙부흥운동을 전개합니다. 유대백성의 이방여인들과 결혼, 우상숭배의 죄를 대신 자복하고 회개하는 에스라를 볼 수 있습니다. 에스라서는 특별히 외울 것이 없습니다. 단지 1차, 2차 귀환을 에스라서가 다루고 있고, 규례와 율법을 가르치며, 에스라가 신앙회복운동을 주도했다는 내용을 알고 있으면 됩니다. 그럼에도 피폐해지고 죄 가운데 있는 백성을 위해 느헤미야가 울고 금식기도를 합니다. 느헤미야서에서 만나요.

에스라 8:23

그러므로 우리가 이를 위하여 금식하며 우리 하나님께 간구하였더니 그의 응낙하심을 입었느니라

느헤미야서

느헤미야서도 특별히 암기할 문장은 없습니다. 다만 이야기가 어떻게 전개되는지 알아야 합니다. 느헤미야는 BC445년에 3차 귀환을 합니다. 에스라는 13년 전에 미리 도착하여 제사장으로 말씀을 가르치고 있었습니다. 느헤미야는 귀환하여 이스라엘의 총독이 되어 무너진 성벽재건을 진두지휘합니다. 느헤미야서는 총 13장으로 구성되어 있고, 7장까지가 성벽재건에 관한 내용입니다. 느헤미야의 리더십에 따라 52일 만에 성벽이 재건됩니다. 8~13장은 성벽재건 낙성식을 기념하여 성경통독집회가 에스라 주도로 열립니다. 죄를 회개하고 자복하며 신앙부흥, 신앙회개운동이 일어납니다.

느헤미야 1:11

주여 구하오니 귀를 기울이사 종의 기도와 주의 이름을 경외하기를 기뻐하는 종들의 기도를 들으시고 오늘 종이 형통하여 이 사람들 앞에서 은혜를 입게 하옵소서 하였나니 그 때에 내가 왕의 술 관원이 되었느니라

에스더서

에스더서를 봅시다. 에스더서는 에스라와 같이 10장으로 구성되어 있습니다. **애써라! 애를 더 써라! 10번 찍어 안 넘어가는 나무 없다.** 암기방법입니다. 애써라는 에스라서를, 애를 더 써라는 에스더서를 의미합니다. 각 성경의 총 장수를 암기하는 이유는 성경내용을 대략적으로라도 기억해 낼 수 있기 때문입니다. 에스라가 10장으로 구성되어 있다는 사실을 알기 때문에 1~6장까지는 1차 귀환과 성전재건 독려, 7~10장은 신앙부흥운동에 관한 내용을 담고 있다고 기억해 낼 수 있습니다. 고레스왕 1차 귀환과 아닥사스다 1세의 2차 귀환 사이에 에스더가 있습니다. 구체적인 연도는 BC483~473년입니다. 에스더는 페르시아 아하수에로왕이 다스리는 시대의 배경입니다. 페르시아왕 아하수에로의 여왕 와스디가 폐위되고 에스더가 왕후가 됩니다. 에스더의 사촌오빠인 모르드개가 아말렉 출신 군대장관 하만에게 절을 하지 않자 하만이 모르드개를 포함하여 유대인을 진멸하려고 합니다. 모르드개는 에스더를 통해 아하수에로왕을 죽이려는 음모세력을 왕에게 알려주며, 하만이 모르드개를 죽이려 한다는 소식을 왕에게 전함으로 오히려 하만이 죽게 됩니다. 이로써 유대민족은 목숨을 구합니다. 이를 기념하는 절기가 부림절입니다. 에스더의 용기와 모르드개의 지혜로 유대백성을 구하는 큰 사건이 에스더서의 주제입니다. 모르드개는 왕 다음으로 지위가 높아져 유대민족을 위해 헌신합니다. 에스더서 4장 16절은 유명한 말씀입니다. **"죽으면 죽으리라"** 에스더의 용기가 페르시아에 있는 유대민족을 살렸습니다. 4장 16절을 외우는 방법은 **죽은 육체를 일으켜 세움이니 사, 일, 육입니다.** 죽으면 죽으리라는 강한 긍정입니다. 죽은 육체를 다시 일으켜 살립니다.

에스더 4:16

당신은 가서 수산에 있는 유다인을 다 모으고 나를 위해 금식하되 밤낮 삼일을 먹지도 말고 마시지도 마소서 나도 나의 시녀로 더불어 이렇게 금식한 후에 규례를 어기고 왕에게 나아가리니 죽으면 죽으리이다 하니라

에스더 9:28

각 지방, 각 읍, 각 집에서 대대로 이 두 날을 기념하여 지키되 이 부림일을 유다인 중에서 폐하지 않게 하고 그들의 후손들이 계속해서 기념하게 하였더라

욥기서

욥기는 쓰인 시기를 창세기로 보는 견해도 있지만 대체적으로 바벨론 포로시기에 쓴 책으로 봅니다. 욥은 아브라함시대 사람으로 알려져 있습니다(창12장). 저자는 미상입니다.

욥에 닥친 재앙과 비판 1~3장
욥과 네 친구들과 논쟁 4~37장
욥과 하나님의 대화 38~41장
욥의 회복 42장

엘리가 **바스**를 가지고 **소발**을 닦았다. **엘리**는 **후**에 싹싹 **빌었다.**

엘리바스
소발
빌닷
엘리후

엘리바스, 소발, 빌닷은 욥이 죄를 지어 재앙을 받은 거라고 이야기합니다. 욥은 본인이 죄가 없다고 말합니다. 엘리후는 의인도 훈련을 위해 고난받을 수 있다고 말합니다. 욥은 하나님과 대화에서, 하나님은 사람이 사람의 고난을 알 수 없다고 말하십니다. 인간의 유한함을 깨닫고 욥은 회개합니다. 세 친구들을 위해 중보기도도 합니다. 욥은 하나님으로부터 더 큰 축복을 받습니다. 욥과 친구 사이의 이야기가 주를 이룹니다. 친구 **사이**의 이야기이므로 욥은 42장입니다.

욥기 23:10

나의 가는 길을 오직 그가 아시나니 그가 나를 단련하신 후에는 내가 정금 같이 나오리라

욥기 42:10

욥이 그의 친구들을 위해 기도할 때 여호와께서 그의 곤경을 돌이키시고 여호와께서 욥에게 이전 모든 소유보다 갑절이나 주신지라

시편, 잠언, 전도서, 아가서

시가서는 욥기, 시편, 잠언, 전도서, 아가서입니다. 욥기는 이야기를 갖고 있어 앞에서 별도로 다루었고, 시편부터 아가서까지 이야기하고자 합니다. 시편은 150장으로 구성되어 있고, 저자는 주로 다윗이며 음악과 관련 있는 아삽과 고라자손도 있습니다. 하나님 찬양이 주제입니다. 예수님에 대해서도 상세히 이야기합니다. 시편 내용은 모세부터 바벨론 포로귀환 때까지 다루고 있습니다. 약 1,000년의 역사를 담고 있습니다. 좀 더 구체적으로 시편을 나누고자 합니다. 시편은 교훈을 다루고 있고, 말 그대로 시이며, 하나님의 영감으로 기록된 성경입니다. 막12:36에서 예수님이 시편 110편 1절 말씀을 인용하시며 다윗이 성령의 감동으로 기록하였다고 직접 말씀하십니다.

시편의 구조를 보면 시편 1편, 42편, 73편, 90편, 107편으로 시작하는 5권의 책으로 구성되어 있습니다. 특별히 시편 1편은 예수 그리스도를 높이는 생각과 감정으로 우리를 인도하는 하나님의 말씀이며, 시편 42편은 영적침체를 극복하는 유일한 방법인 하나님께 소망을 두는 교훈에 대해서 말하고 있으며, 시편 51편은 다윗의 죄 고백에 대해 언급하고 있고, 시편 69편은 억압과 학대에서 견디어내는 방법을 말해주고 있고, 시편 73편은 찬송사역을 맡았던 레위지파 아삽의 시를 다루고 있고, 시편 90편은 하나님의 은총을 바라는 노래이며, 시편 103편은 하나님의 선하심에 감사와 찬송을 드리며, 마지막으로 시편 107편은 하나님의 하신 일에 대해 신앙공동체로서 감사를 노래하고 있습니다. 미국에서 가장 영향력 있는 신학자로 유명한 존 파이퍼는 《시편을 마음에 채우다》라는 책에서, '성경에서 시편이 있고 없고는 하늘과 땅 차이'라고까지 언급하고 있습니다. 그만큼 시편은 성경에서 중요한 위치를 차지하고 있습니다. 존 파이퍼는 우리가 하나님에 대해 올바른 생각과 감정을 지닐 때 하나님을 영화롭게 하는 일이 가능하다고 말하고 있습니다. 시편은 하나님에 대한 올바른 생각과 감정의 세계로 우리를 인도합니다. 잠언은 솔로몬의 지혜를 담은 글이며, 구약성경에서 가장 실제적인 책입니다. 총 31장으로 구성되어 있습니다. 여호와 경외, 분노, 돈, 말, 지혜, 정직, 미련함, 인내에 대해 이야기합니다. 잠언 9장 10절 말씀은 꼭 암송합시다.

여호와를 경외하는 것이 지혜의 근본이요 거룩하신 자를 아는 것이 명철이니라.

전도서는 설교자라는 뜻으로 솔로몬이 살면서 경험하고 느낀 점을 이야기하고 있습니다. "헛되고 헛되다"라는 유명한 말도 있지만 전도서의 주제는 하나님을 경외하라는 것입니다. 12장으로 구성되어 있습니다. 아가서는 솔로몬의 노래 중의 노래를 말합니다. 이면적으로는 부부의 친밀함을 얘기하지만 내면적으로는 하나님의 사랑을 얘기합니다.

시편 19편 14절
나의 반석이시오 나의 구속자이신 여호와여 내 입의 말과 마음의 묵상이 주의 앞에 열납 되기를 원하나이다.

시편 139편 1~4절	하나님의 속성 - 전지하심
여호와여 주께서 나를 살펴보셨으므로 나를 아시나이다 주께서 내가 앉고 일어섬을 아시고 멀리서도 나의 생각을 밝히 아시오며 나의 모든 길과 내가 눕는 것을 살펴보셨으므로 나의 모든 행위를 익히 아시오니 여호와여 내 혀의 말을 알지 못하시는 것이 하나도 없으시니이다.	

이사야서

대선지서 중 이사야서를 같이 볼까요. 이사야서는 17권의 선지서 중 맨 앞에 위치한 책입니다. 선지서들은 대선지서 5권과 소선지서 12권으로 나눌 수 있는데 성경 분량이 많음을 의미하는 대선지서는 이사야서, 예레미야서, 예레미야 애가서, 에스겔서, 다니엘서입니다. 남유다 중반(웃시야왕~히스기야왕)에 활동한 선지자는 이사야와 미가입니다. **이미남**이라고 외우면 됩니다. 이사야, 미가, 남유다입니다. 이사야는 아모스의 아들이라고 사1:1에서 말하고 있습니다. 남유다에서 가장 부유하고 안정적인 시대가 BC790년에 즉위한 웃시야 왕 때입니다. 웃시야는 북이스라엘의 여로보암2세와 동시대 왕이었습니다. 여로보암2세가 BC793이므로 3년 후에 웃시야가 통치했다고 생각하면 암기하기가 쉽습니다. BC790년부터 52년간 통치했습니다. 남유다왕 중 므낫세왕 다음으로 통치기간이 가장 길어요. 웃시야는 아버지인 아마샤와도 아들인 요담과도 섭정을 하여 통치기간이 중복된다는 점을 기억하시기 바랍니다. **'섭정=웃시야'**를 기억하세요. 웃시야, 요담, 아하스, 히스기야 순으로 왕이 이어집니다. 이사야는 웃시야부터 히스기야까지, 미가는 요담부터 히스기야까지 활동합니다. BC8세기가 앗수르제국이 팔팔할 때라고 기억하세요. 앗수르를 얘기할 때는 꼭 살만에셀왕을 기억하세요. **"앗수르가 살 만할 때가 살만에셀왕 때입니다"**라고 외우세요. BC9세기에 살만에셀3세-신흥강국, BC8세기 초반에서 중반 살만에셀4세-쇠퇴기, BC8세기 후반 살만에셀5세-팽창기로 구분할 수 있습니다. 이사야서는 앗수르가 쇠퇴하는 시기부터 활동을 하기 시작합니다. 이사야서는 1~39장은 하나님의 심판을, 40~66장까지는 하나님의 평강을 이야기합니다. 근래 신학자들은 이사야서를 1~39장, 40~55장, 56~66장으로 나누기도 합니다. 40~55장은 바벨론의 포로로 간 이스라엘 백성을 위로합니다. 56~66

장은 포로에서 귀환한 이스라엘 백성에게 종말론적 구원에 대한 희망을 선포합니다. 좀 더 구체적으로 보겠습니다. 하나님의 심판은 앗수르가 북이스라엘을 멸망시키고 남유다도 공격할 거라고 예언합니다. 그러나 앗수르와 결탁하지 말라고 이야기합니다. 아하스왕 때 북이스라엘과 아람이 동맹을 맺고 남유다를 침공하려 하자 앗수르에게 아하스왕이 손을 내밉니다. 이사야는 아하스에게는 앗수르와, 히스기야에게는 애굽과 손잡지 말라고 얘기합니다. 왕들은 이사야의 말을 듣지 않습니다. 앗수르는 북이스라엘과 아람을 멸망시키고 남유다까지 침공합니다. 이사야는 이스라엘의 죄 때문에 침공당했던 것을 얘기하지만 이스라엘백성은 우상숭배 등 계속 죄악 속에 있습니다. 그럼에도 이사야 40~66장에서 오실 예수 그리스도를, 영광스런 이스라엘을 예언합니다. 특별히 이사야 53장은 예수님의 고통과 죽음을 예언합니다. 이 말씀은 꼭 기억합시다. 이사야53:5 **"그가 찔림은 나의 허물을 인함이요 그가 상함은 나의 죄악을 인함이라. 그가 징계를 받음으로 내가 평화를 누리고 그가 채찍에 맞음으로 내가 나음을 입었도다."** 예수님이 오시기 700~800년 전에 이런 자세한 예언을 하는 이사야를 보며 우리는 하나님의 살아계심과 위대하심을 깨닫게 됩니다.

이사야 40:31

오직 여호와를 앙망하는 자는 새 힘을 얻으리니 독수리의 날개치며 올라감 같을 것이요 달음박질 하여도 곤비치 아니하겠고 걸어가도 피곤치 아니하리로다

이사야 53:5

그가 찔림은 나의 허물을 인함이요 그가 상함은 나의 죄악을 인함이라 그가 징계를 받음으로 내가 평화를 누리고 그가 채찍에 맞음으로 내가 나음을 입었도다

예레미야서

대선지서 중 예레미야를 살펴봅시다. 예레미야가 활동을 시작한 시점이 요시야 왕 때부터입니다. 이때 나이가 20세입니다. 특이한 공통점이 있습니다. **"이사야는 웃시야~ 예레미야는 요시야~" 야야동맹입니다.** 이사야는 웃시야 왕 때부터 활동하고 예레미야는 요시야 왕 때부터 활동합니다. 이사야와 웃시야, 예레미야와 요시야를 하나로 묶어서 암기하면 오래오래 기억할 수 있겠네요. 더 재미있는 사실은 이사야는 히스기야 왕 때까지, 예레미야는 시드기야 왕 때까지 활동합니다. **"이사야는 웃시야부터 히스기야까지, 예레미야는 요시야부터 시드기야까지" 정말로 신기하게도 모두 '야' 자로 끝나는 야야동맹입니다.** 예레미야는 정확히 말하면 요시야왕 13년 때인 BC627년에 선지자로 부름 받았습니다. 예루살렘이 함락된 시드기야 왕 때인 BC587년 이후 애굽으로 강제 송환되어 있었던 BC584년까지 약 43년간 선지자로 활동합니다. 예레미야의 아버지는 요시야왕 때 성전에서 신명기 두루마리를 발견한 유명한 제사장 힐기야입니다. 요시야왕은 BC640~609년 동안 재임합니다. 바벨론이 신흥강국으로 고개를 들기 시작한 시점입니다. 여호야김의 재위기간이 BC609~598년이고, BC605년에 바벨론1차 포로사건이 있었으니 바벨론시대입니다. 요시야 전 왕이 므낫세와 아몬입니다. 이 두 왕은 우상숭배의 악한 왕들입니다. 아몬의 아들 요시야는 8살에 왕위에 오른 것으로 유명합니다. 12년 후 제사장 힐기야와 우상을 폐하는 종교개혁을 단행하고 26살에는 2차 종교개혁을 단행합니다. 이때 성전에서 율법책을 발견하여 백성들에게 율법과 규례를 지키도록 합니다. 아몬드왕 아몬은 BC642년 즉위, 므낫세는 55년간 재임했으므로 BC697년에 므낫세가 즉위합니다. 남유다왕 중 55년간 가장 긴 기간 동안 악한 짓을 저질렀기에 악의 뿌리가 쉽게 뽑히기는 어렵겠죠. 요시야의 종교개혁에 어려움이 많았을 거라 봅니다. 결국 애굽이 바벨론에 대항하며 앗수르를 도와주기 위해 올라가다가 도중에 므깃도에서 친바벨론 요시야 왕의 남유다와 전투가 벌어지고 요시야가 전사합니다. 3개월간 즉위했던 셋째 아들 여호아하스는 애굽으로 끌려가고, 둘째 아들 여호야김이 승계합니다. BC609~598년 약 10년간 다스립니다. 여호야김이 애굽~바벨론~애굽 순으로 박쥐처럼 행동하자 바벨론이 남유다와 애굽을 침공합니다. 바벨론은 BC605년 갈그미스전투에서 승리하며 앗수르 잔당과 애굽을 격퇴하고 남유다를 공격합니다. 이때 남유다는 나라를 거의 잃은 거나 마찬가지입니다. BC605년에 1차 포로가 이루어집니다. 다니엘과 세 친구가 잡혀갑니다. BC598년에 승계왕 여호야긴왕과 사독 자손 제사장 부시의 아들인 선지자 에스겔과 우수한 기술자 만 명을 데리고 갑니다. 2차 포로입니다. 바벨론은 요시야의 막내아들 맛다니야(시드기야, 바벨론식 이름)를 왕으로 세웁니다. 시드기야가 BC598~587 재임 후 BC586년에 남유다에 남은 모든 사람들과 함께 바벨론의 3차 포로로 끌려가면서 남유다는 완전히 멸망합니다. 예레미야 동시대 선지자는 **예스하나**라고 외우셨죠. 예레미야, 스바냐, 하박국, 나훔, 그리고 에스겔, 다니엘, 오바댜입니다. 예레미야는 바벨론의 정복을 받아들이고 회복의 기회를 기다리라고 전하지만 남유다 백성은 예레미야 선지자의 말을 무시합니다. 1~38장까지는 바벨론 남유다 정복 전 이야기이며, 열두 번이나 하나님의 심판을 예레미야는 외칩니다. 이 당시 거짓 선지자 2명이 활동합니다. 하나냐와 스마야입니다. 이들은 백성들을 그릇된 길로 인도하고, 백성들이 듣고 싶어 하는 말만 골라서 하고, 헛된 희망을 심어 주어 미래를 준비하지 않게 했습니다. 39~52장까지는 바벨론 남유다 정복 후 이야기로 나뉩니다.

예레미야 1:7

하나님께서 내게 이르시되 너는 아이라 말하지 말고 내가 너를 누구에게 보내든지 너는 가며 내가 네게 무엇을 명령하든지 너는 말할지니라

예레미야 7:23

오직 내가 이것으로 그들에게 명하여 이르기를 너희는 내 목소리를 들으라 그리하면 나는 너희 하나님이 되겠고 너희는 내 백성이 되리라 너희는 내가 명한 모든 길로 걸어가라 그리하면 복을 받으리라 하였으나

예레미야 29:13

너희가 온 마음으로 나를 구하면 나를 찾을 것이요 나를 만나리라

예레미야 애가서

예레미야 애가를 봅시다. 예레미야 애가는 예루살렘의 멸망을 다룬 열왕기하 25장과 예레미야 52장을 배경으로 삼고 있습니다. BC586년 남유다가 완전히 망한 것에 대한 슬픔을 이야기한 편지입니다. 1~2장은 슬픔을 얘기하나 3~5장은 희망을 노래합니다. 장별로 구체적으로 설명합니다. 예레미야 애가서는 이야기식으로 암송합니다.

1장 - 자녀를 잃고 우는 과부: 백성의 상태
2장 - 멸망한 폐허에서 베일 쓰고 슬퍼하는 여인: 하나님 심판
3장 - 여호와 앞에서 우는 예언자: 슬픔과 소망
4장 - 흐려지고 변한 금: 두려움
5장 - 여호와께 애원하는 간구자: 기도와 회복

히브리 알파벳이 22자로 구성되어 있듯이 예레미야 애가서 5장 중 3장을 제외하고 모든 장은 22절로 이루어져 있다. 바벨론 느브갓네살은 예루살렘 성전과 왕궁 등 모두를 초토화했습니다. **어릴 때 포로 병정놀이를 많이 한 경험이 있죠! 느브갓네살은 갓 네 살 된 자입니다. 포로놀이를 좋아하죠. 그래서 1차부터 3차까지 포로로 남유다 백성을 잡아갔습니다.** 요렇게 외우면 까먹지 않겠죠! 요시야가 8살에 즉위했는데 느브갓네살은 갓 네 살이네요! 하하~~

예레미야 애가 1:11
그 모든 백성이 생명을 이으려고 보물로 먹을 것들을 바꾸었더니 지금도 탄식하며 양식을 구하나이다 나는 비천하오니 여호와여 나를 돌보시옵소서

에스겔서

에스겔서를 봅시다. 선지서 중 가장 난해하다고 알려진 선지서입니다. 환상과 상징적 행동이 전체 48장 중 대다수를 차지하고 있기 때문입니다. 요시야가 BC640~609년, BC609년 애굽 바로 느고가 여호아하스를 포로로 잡아가고 여호야김을 즉위시킵니다. 이때가 BC609~598년이며, 갈그미스 전투 이후 바벨론이 침공하여 BC605년에 1차 포로를 잡아가고, BC598년에 여호야긴이 즉위하나 3개월 통치 후 바벨론으로 포로 신세로 또 잡혀갑니다. 이때 제사장 에스겔도 잡혀갑니다. 이때 나이가 25세입니다. 5년 후 BC593년에 하나님이 에스겔을 선지자로 부르십니다. BC567년까지 26년간 이스라엘과 주변국들에게 하나님의 말씀을 선포합니다. 에스겔의 뜻은 하나님이 강하게 하신다는 의미를 담고 있습니다. 어릴 때 겔포스라는 위장약이 생각납니다. **에스겔은 겔포스다 라고 외우면 강하게 하신다** 기억할 수 있어요. 에스겔은 예레미야처럼 이스라엘의 죄 때문에 바벨론의 포로가 되었고, 금방 이스라엘로 복귀할 수 없음을 백성들에게 이야기합니다. 어렵지만 백성들에게 전해야 할 의무가 있습니다. 하나님의 명령이기 때문입니다. 에스겔 1~3장은 선지자로 에스겔을 부르시는 하나님을, 4~24장은 이스라엘의 하나님 심판과 회개를 말합니다. 특별히 24장 6~11절에 녹슨 가마의 비유는 녹이 없어질 때까지 남유다에 환난이 계속될 것이라 말합니다. 25~32장은 애굽, 아람, 암몬, 모압 등 주변 이방나라의 심판을, 33~48장까지는 이스라엘의 회복과 새 땅을 약속합니다. 33장 이후는 BC586 이후로 남유다가 바벨론에 멸망당한 시점입니다. 33장이 에스겔서의 전환점이 되는 장입니다. 이때부터는 에스겔은 이스라엘 백성의 예루살렘 복귀와 회복을 외칩니다. 하나님은 에스겔에게 몇 가지 환상을 보여 줍니다. 암기방법은 다음과 같습니다.

에스겔이 불가(거)마 하네~

불에 탄 포도나무 환상
거룩한 강 환상
마른 뼈 환상(에스겔 37장)
하나님의 영광과 가증한 성전 환상
네 가지 모습의 생물 환상

이 중에서 마른 뼈 환상은 매우 유명한 내용으로 흩어진 살들이 뼈에 붙어 강해지는 것을 의미하며, 이것은 이스라엘백성이 한곳으로 모이고 통일왕국의 회복, 죄로부터의 회복을 의미합니다. 그리고 하나님은 거기에 계십니다. 여호와 삼마~~~. 이스라엘백성들에게 큰 희망과 용기를 주는 환상입니다. 에스겔의 뼈 환상은 본인이 이 책을 쓰는 목적과도 유사합니다. 성경의 핵심 주제인 뼈대가 있어야 살이 잘 붙는다고 서론에서 말한 적이 있습니다. 통일왕국이 회복되고 죄로부터 회복을 의미하듯이 하나님의 말씀이 우리 마음속에 자리를 잡아야 합니다. 말씀이 회복되어야 합니다. 에스겔의 마른 뼈 환상과 일맥상통합니다. 에스겔서는 1인칭 묵시문학이라고 합니다. 에스겔은 **불가마를 좋아한다**. 꼭 기억하세요. 에스겔이 불가마에 있는 것을 좋아하기는 하는데 오랫동안 있는 것을 더 좋아합니다. 그래서 **"에스겔이 불가마에서 48시간이나 있었다하네!"**, 이건 어떤가요? 불가마를 너무 좋아해서 이틀씩이나 있었던 겁니다. 즉 48시간을 있었던 겁니다. 그래서 에스겔은 48장으로 구성되어 있습니다. 강하게 하신다는 에스겔의 뜻처럼 48시간 정도는 불가마에 있어줘야 강하다고 말할 수 있습니다. 48장이라는 것을 기억하기 위한 암기방식입니다. 이사야는 66장, 예레미야는 52장, 에스겔은 48장, 다니엘은 12장으로 구성이 되어 있습니다.

에스겔 14:6

그런즉 너는 이스라엘 족속에게 이르기를 주 여호와의 말씀에 너희는 마음을 돌이켜 우상을 떠나고 얼굴을 돌려 모든 가증한 것을 떠나라

에스겔 18:23

나 주 여호와가 말하노라 내가 어찌 악인의 죽는 것을 조금인들 기뻐하랴 그가 돌이켜 그 길에서 떠나서 사는 것을 어찌 기뻐하지 아니하겠느냐

다니엘서

다니엘서를 봅시다. 구약의 계시록이라고 할 만큼 어려운 성경입니다. 보통 목사님들이 한 주에 한 장씩, 어떤 분은 22주나 강의, 설교할 정도로 난해한 성경입니다. BC605년 1차 바벨론 포로 때 다니엘과 세 친구는 바벨론으로 잡혀갑니다. 우리는 평상시에 세 친구의 이름을 입에 착 달라붙는 사드락, 메삭, 아벳느고라고 말하는데 수정할 필요가 있습니다. 세 친구들은 우상에 바쳐진 음식을 먹지 않겠다고 신앙을 지켰듯이 그들의 이름도 바벨론식 이름보다 이스라엘 이름인 **하나냐, 미사엘, 아사랴**로 부르는 것이 맞다고 봅니다. 사드락의 뜻은 바벨론의 이방신인 마르둑의 명령, 아벳느고는 느고의 종이라는 뜻으로 좋지 않습니다. 훌륭한 친구들을 나쁘게 부를 필요가 있을까요? 우리는 습관적으로 사드락, 메삭, 아벳느고라고 부르고 있습니다. 정신을 차려야 합니다. **'하나냐, 미사엘, 아사랴'** 꼭 기억하십시오. 다니엘은 벨드사살이라고 하지 않으면서 왜 세 친구들을 바벨론식 이름으로 부르는 이유는 뭘까요? 조병호 박사님의 《와우! 예레미야 70년》이란 책에도 서론에서 사드락, 메삭, 아벳느고라는 이름을 사용하지 않고 의도적으로 **하나냐, 미사엘, 아사랴**를 사용하는 것을 볼 수 있습니다. 《성경 100배 즐기기(구약편)》 책에서도 하나냐, 미사엘, 아사랴로 부르고 있습니다. 조병호 박사님과 저의 생각이 일치하나 봅니다. 사실 여호야긴 왕의 작은아버지인 시드기야도 바벨론식 이름입니다. 본명은 맛다니야입니다. 그럼 암기하는 문장을 보겠습니다.

미사일 하나 남았냐? 아~어서 쏴라~

미사엘, 하나냐, 아사랴의 암기문장입니다. 본인은 국방과학연구소에서 무기체계 시험책임자로 약 20년간 일하였습니다. 시험책임자의 지시에 따라 발사시험을 합니다. **미사일 하나 남았냐? 아~어서 쏴라~**고 말합니다. 그래서 미사엘, 하나냐, 아사랴입니다. 다니엘서는 1~6장까지는 사건 중심 내용이고, 7~12장은 다니엘의 환상에 관한 내용입니다.

1. 우상에게 바쳐진 음식을 안 먹은 일
2. 느브갓네살왕의 꿈을 해석하는 일
3. 왕의 신상에 절하지 않기
4. 왕이 제정신을 잃고 행동하는 것 해석
5. 벨사살왕 때 메네 메네 데겔 우바르신 글이 벽에 쓰인 사건
6. 페르시아 다리오왕 때 사자 굴에 던져진 사건

다니엘이 1차포로 때 나이가 16세입니다. 1차 다리오왕 페르시아 귀환시기가 BC537년입니다. 68년 이상을 이방나라에서 고위직을 하였습니다. 환상은 3년 6개월 어둠의 권세가 위협한다고 얘기하고 있습니다. 결국 주제는 하나님의 주권, 예수님이 오시는 일입니다. 다니엘서는 외울 문장이 없습니다. 읽고 또 읽고 이해하는 것이 중요합니다. 그리고 환상에 대한 이야기가 요한계시록과 연결되어 있습니다. 복음주의 목회자님들의 해석을 참고하면서 읽는 게 중요합니다. 인터넷에 거짓해석이 난무합니다. 다니엘서에서는 꿈과 해석이 매우 중요한 핵심으로 2장에서 느부갓네살이 금 신상 꿈을 꾸고, 7장에서 다니엘이 네 짐승에 대해 꿈을 꿉니다. 2장과 7장은 서로 연결됩니다. 금 신상의 머리는 사자와 연결되고 바벨론을 의미합니다. 금 신상의 가슴과 팔은 곰과 연결되며 메대-바사의 페르시아제국을 의미하고, 배와 넓적다리는 표범과 연결되고 헬라제국을 의미하며, 종아리와 발은 다른 짐승과 연결되고 로마제국을 의미합니다. 열 뿔은 그 나라에서 일어날 열 왕과 로마제국 이후 세상 끝 날까지의 여러 나라들을 가리킵니다. 적그리스도가 하

나님의 백성을 핍박하는 기간은 한 때, 두 때, 반 때인 3년 반이며, 이 기간을 지나 하나님의 백성은 예수 그리스도와 함께 최후의 승리를 얻게 됨을 다니엘서는 말하고 있습니다.

다니엘 3:18

그리 아니하실지라도 왕이여 우리가 왕의 신들을 섬기지도 아니하고 왕의 세우신 금 신상에게 절하지도 아니할 줄을 아옵소서

대선지서(5권) 요약

성경	기록 시기	저자	주요내용 (뼈대)	암송방법
이사야	BC8세기	이사야	• 하나님의 심판 (사1장~39장) • 하나님의 평강 (사40장~66장)	• 이야기식
예레미야	BC7세기 후반~ 6세기 초반	예레미야	• 바벨론 정복 전 (렘1장~38장) • 바벨론 정복 후 (렘39장~52장)	• 이야기식
예레미야 애가	BC6세기 초반	예레미야	• 남유다 멸망 (애1장~2장) • 이스라엘 희망 (애3장~5장)	• 이야기식
에스겔	BC6세기	에스겔	• 선지자로 부르심 (겔1장~3장) • 하나님의 심판 (겔4장~24장) • 주변국 심판 (겔25장~32장) • 이스라엘 회복 (겔33장~48장)	• 이야기식 • 에스겔이 불가(거)마 하네 - 이스라엘 회복에 대한 환상 5가지

성경	기록 시기	저자	주요내용 (뼈대)	암송방법
다니엘	BC6세기	다니엘	• 다니엘 세 친구 • 사건중심 내용 (단1장~6장) • 다니엘의 환상 (단7장~12장)	• 미사일 하나 남았냐? 아~ 어서 쏴라~ - 세 친구 하나냐, 미사엘, 아사랴 • 이야기식

대선지서나 소선지서나 모두 북이스라엘은 앗수르에, 남유다는 바벨론이라는 제국에 멸망을 당한다고 예언합니다. 그리고 그 멸망은 북이스라엘과 남유다의 죄 때문이라고 말합니다. 하나님의 심판과 이스라엘의 회개를 선지자들을 통해 이스라엘 백성들에게 외치고 있습니다. 그러나 이 심판은 돌이킬 수 없는 심판이고, 후에 다시 이스라엘이 회복한다고 희망을 노래합니다. 대선지서 중 이스라엘의 회복을 말하는 구절은 에스겔서 37장 1~10절 말씀이 하이라이트입니다. 죽은 것처럼 보이는 마른 뼈에 힘줄, 살, 가죽 및 생기가 붙습니다. 이는 하나님의 사랑입니다.

북이스라엘왕 암기법

북이스라엘왕들을 암기하는 방법을 알려드리겠습니다. 왕을 순서대로 외우는 것이 구약을 이해하는 데 크게 도움이 됩니다. 솔로몬을 끝으로 이스라엘 나라는 북이스라엘과 남유다로 분리됩니다. 북이스라엘 초대왕이 여로보암입니다. BC931년을 기억해야 합니다. 마지막 왕 호세아는 BC722년에 끝나고 나라는 앗수르에게 멸망당합니다.

여보 나 바라바, 얼른(엘라) 오**시오. 아하!** 올 때 **아가씨** 같은 **여자아이 예후와 여자아이 요아스와 여자아이 스가랴를** 데리고 오시오. **살이 무척 부드럽고 배가 호수** 같아요.

여로보암, 나답, 바아사, 엘라, 시므리, 오므리, 아합, 아하시야, 여호람, 예후, 여호아하스, 요아스, 여로보암2세, 스가랴, 살룸, 므나헴, 브가히야, 베가, 호세아

남편과 아내를 생각하세요. 아내가 자기를 바라보며 남편에게 보고 싶다고 하며 빨리 오라고 해요. 올 때 예후, 요아스, 스가랴 여자아이 3명을 데리고 오라고 하네요. 여자아이들이 살이 무척 부드럽고 배는 잔잔한 호수 같다고 말하네요. 여자아이들이 매우 어린 것 같습니다.

첫 글자만 모아서 의미 있는 문장을 만들려고 노력했습니다. 순서가 중요하므로 섞을 수 없습니다. **여나바엘시오아~** 방식의 첫 글자를 나열하는 방식은 암송하기가 쉬워 보이지는 않습니다. 그래서 의미 있는 문장으로 만들어 보았습니다. 문장이 약간 유치해 보이나 암송하는 방법으로는 더 효과적입니

다. 여로보암2세는 친구들에게 인기가 많았습니다. **친구 삼고 싶은 사람입니다. 그래서 BC793년에 시작합니다.** 41년간 다스립니다. BC752까지입니다. 그리고 30년 후에 나라는 망합니다. 여로보암2세 때 활동한 선지자는 **'북이 좋아요'**입니다. 북이스라엘 여로보암2세 때 선지자는 좋을 호이므로 호세아, 아모스, 요나입니다. 호세아는 멸망할 때까지 활동합니다. 마지막왕도 호세아이고 선지자도 호세아입니다. 동명이인입니다. 북이 좋다고 하니까 친북세력으로 오해하지 마세요. 책이 좋다는 이야기입니다. 아합과 아하시야 때 엘리야 선지자, 엘리사는 아하시야부터 여호아하스까지 활동합니다. 아합은 여로보암 즉위 후 57년 후에 왕에 오릅니다. BC874년이고 여로보암처럼 22년간 통치합니다. BC852년까지 다스립니다. 이 정도만 암기하시면 됩니다. 여로보암2세는 어떻다? **친구 삼고 싶다. BC793 즉위.** 안 까먹겠죠! 아합이 가장 악한 왕이었다는 사실은 성경공부를 좀 한 분들은 모두 알지요! **팔을 칠 사람**입니다. 그러니까 악한 사람입니다. **팔칠사**이므로 **BC874년 즉위.** 오랜 기간 즉위하고 대체적으로 평화롭고 부유한 때가 여로보암2세 때라는 것도 알지요! 여로보암2세 때 활동한 선지자는 호세아, 아모스, 요나입니다. 특별히 아모스와 요나는 여로보암2세 때만 활동합니다. 호세아는 남유다가 망할 때 예레미야가 요시야 때부터 시드기야 때까지 활동한 것처럼 북이스라엘이 망할 때까지 활동합니다.

열왕기상 14:16
여호와께서 여로보암의 죄로 말미암아 이스라엘을 버리시리니 이는 그도 범죄하고 이스라엘로 범죄하게 하였음이니라 하니라

남유다왕 암기법

남유다왕 외우는 방법을 알려 드리겠습니다. 르호보암이 첫 번째 왕입니다. BC931년입니다. 외우는 문장이 길다고 불평하시면 안 됩니다. 일단 왕이 많기에 앞 글자만 인용하여 외우는 방법은 조선시대 왕 이름을 외우는 것과 비슷합니다. 그러나 의미상 문장으로 만들었습니다. 반복이 필요하고 일정시간이 지나면 다시 까먹을 수 있습니다. 본인이 임상실험을 해보았습니다. 일주일 정도 지나니까 기억이 가물가물합니다. 그래서 다시 암기하였습니다. 세 번, 네 번 반복하니 이제는 잊어버리지 않습니다. 자, 그럼 시작해 볼까요!

르호보암이, 아비야! 아사직전이다 여호사밧과 여호람을 데리고 와라. 아가씨가 왔네. 근데 아기를 달래! 그래서 요아냐 물으니까? 아 맞다 해놓고 웃기시네 말함. 요담에 아를 하사하겠다 말함. 힘으론 역시나 여호와께서 하사한 아가가 최고지! 야호 벌써 김. 야호 긴다. 힘이 세니 돌보려면 매우 시달릴 거야~~

르호보암이라는 할아버지가 배가 너무 고파 아들(아비)에게 쉐프로 추정되는 여호사밧과 여호람을 데리고 오라고 합니다. 여호람은 북이스라엘왕 중에도 있습니다. 그런데 갑자기 한 아가씨가 옵니다. 막 아기를 달라고 합니다. 르호보암이라는 할아버지가 아가씨에게 책잡힐 짓을 했나 봅니다. 남유다는 **할아버지와 아가씨를 생각하세요.** 다짜고짜 애를 달라고 하고, 할아버지는 애기를 하사까지 하겠다고 말합니다. 요 아기냐 했더니 처음에는 맞다고 했다가 웃기시네 하며 아니라고 합니다. 단단히 잘못한 게 있나 봅니다. 종국에는 하나님이 하사한 애기가 최고라고 말합니다. 하나님이 하사한 애기라 힘이 장사인가 봅니다. 의미상으로는 문장이 되지만 내용적으로는 논리가 부족해 보입니다. 갑자기 하나님이 하사한 애기를 준다고 하니 앞뒤가 맞질 않습니다. 그러나 이렇게 해서라도 암기하는 것이 좋습니다. 하나님의 말씀이기 때문입니다.

르호보암, 아비야, 아사, 여호사밧, 여호람, 아하시야, 아달랴, 요아스, 아마샤, 웃시야, 요담, 아하스, 히스기야, 므낫세, 아몬, 요시야, 여호아하스, 여호야김, 여호야긴, 시드기야

역대하 12장 13절 이하에 르호보암이 41세에 왕이 되고 17년간 다스렸다고 나옵니다. 르호보암은 악을 행하였고 아들 아비야가 왕이 됩니다. 아비야는 북이스라엘 초대왕인 여로보암과 전쟁을 합니다. 남유다가 전쟁에 승리함으로 북이스라엘 여로보암은 쇠퇴하고 아비야는 점점 강성하게 됩니다. 역대하 13장 20~21절 말씀입니다. 아비야 후임으로 아사, 여호사밧이 이어집니다. 여호사밧은 역대하 17장 4절에 여호와의 계명을 행하고 북이스라엘의 행위를 따르지 않음으로 17장 10절에 여호와께서 유다 사방의 모든 나라에 두려움을 주사 여호사밧과 싸우지 못하게 하십니다. 후에 북이스라엘 아하시야와 교제하고 산당을 철거하지 못하는 오점을 남깁니다. 그 뒤를 이은 여호람도 북이스라엘의 아합처럼 악을 행하였고 이후로 아하시야와 그의 어머니 아달랴가 왕이 됩니다. 그 후임으로 정말로 나이 어린 7세의 요아스가 왕에 오릅니다. 제사장 여호야다가 그를 돕습니다. 그러나 후에 여호야다의 아들 스가랴를 죽이는 큰 범죄를 저지릅니다. 아몬 다음에 즉위하는 요시야왕도 8세라는 어린 나이에 왕이 됩니다.(역대하 34장 1절) 요아스 뒤로 아마샤와 웃시야, 요담과 아하스가 이어집니다. 남유다의 왕을 보면 초기에는 잘하다가 후반기에 죄를 저지르는 왕이 적지 않습니다. 여호사밧, 요아스, 아마샤, 요담 등입니다. 정의롭고 정직한 초심을 계속 유지한다는 것은 쉬운 일이 아닙니다. 죄를 짓기는 쉽습니다. 그러나 하나님은 우리에게 요구하십니다. 야고보서 5장7~8절에 주의 강림하시기까지 길이 참으라, 길이 참고 마음을 굳건하게 하라고 기록되어 있습니다. 우리의 마음을 하나님께로 집중해야 합니다.

'힘으론 역시나'는 히스기야, 므낫세, 아몬, 요시야입니다. 다른 부분은 이해하는 데 어려움이 없을 겁니다. 여호야김이 BC609~598에 재임했습니다. 다니엘이 잡혀간 바벨론 1차 포로가 BC605년에 있었습니다. 즉, 여호야김 때 포로로 잡혀간 거죠. 여호야긴이 BC598년 3개월 만에 즉위했습니다. 이때 2차 포로가 있었습니다. 에스겔도 같이 잡혀갔습니다.

BC597~587년 시드기야가 다스립니다. BC586년에 남유다는 바벨론에 완전 정복당합니다. 이때가 마지막 3차 포로 때입니다. 요시야 때 활동한 선지자는 예레미야, 스바냐, 하박국, 나훔입니다. 여호야긴 때 다니엘, 시드기야 때는 다니엘, 에스겔입니다, 예레미야는 북이스라엘의 호세아처럼 요시야 때부터 남유다가 바벨론에 멸망당하는 시드기야 때가지 오랜 기간 활동합니다. 요시야가 BC640~609년까지 다스립니다. 아몬은 BC642~641년, 므낫세는 BC697~643, 히스기야는 BC725~697년까지 29년 동안 즉위합니다. 히스기야 때 북이스라엘이 망합니다. BC722년입니다. 웃시야부터 히스기야까지 활동한 선지자가 미가, 이사야입니다.

역대하 7:14

내 이름으로 일컫는 내 백성이 그들의 악한 길에서 떠나 스스로 낮추고 기도하여 내 얼굴을 찾으면 내가 하늘에서 듣고 그들의 죄를 사하고 그들의 땅을 고칠지라

역대하 15:7

그런즉 너희는 강하게 하라 너희의 손이 약하지 않게 하라 너희 행위에는 상급이 있음이라 하니라

분열왕국의 왕들과 선지자들 짝짓기

분열왕국시대와 선지서의 이해를 돕기 위해 북이스라엘과 남유다의 왕들과 각 왕들 재위기간 동안 활동한 선지자들을 짝짓기를 해보았습니다. 각 선지자들이 활동한 시기의 왕들을 알면 각 선지자들이 어떤 사역을 했을지 예상할 수 있습니다. 아합은 악한 왕의 대표주자입니다. 당연히 엘리야가 엄청난 경고와 책망을 할 것이라 예측됩니다. 실제 갈멜산 대결을 펼칩니다. 이때 바알 선지자 450명이 죽습니다. 아합은 남유다의 여호사밧왕과 동맹을 맺고 아람과 전쟁을 합니다. 이 전쟁에서 아합이 전사합니다. 아합의 딸 아달랴가 남유다의 여호람왕과 결혼을 합니다. 북이스라엘이 멸망하는 BC722년을 기점으로 BC722년 이전 선지자는 북이스라엘의 엘리야, 엘리사, 호세아, 아모스, 요나, 남유다의 이사야, 미가, BC722~586년 선지자는 남유다의 예레미야, 나훔, 스바냐, 하박국, 다니엘, 에스겔, 남유다가 멸망하는 BC586년 이후는 오바댜, 학개, 스가랴, 말라기입니다. 상기와 같이 선지자들이 활동한 시기를 3가지 연대로 나누어 분류하면 오랫동안 기억할 수 있습니다.

북이스라엘 왕이름	즉위연도 (BC)	선지자	재위 기간
아합	874	엘리야	22년
아하시야	853	엘리야, 엘리사	2년
여호람	852	엘리사	12년
예후	841	엘리사	28년
여호아하스	814	엘리사	17년

북이스라엘 왕이름	즉위연도 (BC)	선지자	재위 기간
요아스	798	-	16년
여로보암2세	793	아모스, 호세아, 요나	41년
스가랴	753	호세아	6개월
살룸	752	호세아	1개월
므나헴	752	호세아	10년
브가히야	742	호세아	2년
베가	740	호세아	20년
호세아	732	호세아	9년
북이스라엘 멸망	722	-	-

남유다 왕이름	즉위연도 (BC)	선지자	재위기간
웃시야	790	이사야	52년
요담	751	이사야, 미가	16년
아하스	742	이사야, 미가	16년
히스기야	725	이사야, 미가	29년
므낫세	697	-	55년
아몬	642	-	2년
요시야	640	예레미야, 나훔, 스바냐	31년

남유다 왕이름	즉위연도 (BC)	선지자	재위기간
여호아하스	609	예레미야	3개월
여호야김	609	예레미야, 하박국	11년
여호야긴	598	예레미야, 다니엘	3개월
시드기야	598	예레미야, 다니엘, 에스겔	11년
남유다 멸망	586	오바댜	-

북이스라엘과 남유다 초기에 잇도, 스마야, 예후 같은 선지자들이 활동을 하였지만 선지서 17권에 포함되는 성경이 없으므로 상기 표에 언급을 하지 않았습니다. 그러나 엘리야와 엘리사는 많은 기적과 바알신을 섬기는 북이스라엘의 오므리와 예후왕조의 악한 왕들에게 경고를 통해 하나님의 살아계심과 심판을 예언하는 선지자로서 중요한 자리매김을 합니다. 북이스라엘이 멸망하는 시기에 남유다의 왕은 히스기야입니다. 소선지서에 있는 요엘은 남유다 멸망 직전에 활동한 선지자로 추측되지만 정확하지는 않습니다. 따라서 선지서 성경은 있지만 표에는 포함되어 있지 않습니다. 참고로 웃시야, 요담, 아하스의 즉위연도와 재위기간이 정확히 딱 맞지 않는 이유는 섭정기간 때문입니다. 아버지와 아들이 같이 나라를 다스리므로 연도가 중첩되는 것입니다. 북이스라엘의 요아스와 여로보람2세도 마찬가지입니다.

호세아서

소선지서 호세아서를 이야기하고자 합니다. 호세아서 하면 꼭 기억해야 하는 것이 하나님의 사랑입니다. 그리고 여로보암 2세와 웃시야를 기억해주세요. BC8세기도 기억해주세요. 40년도 기억해주십시오. 여로보암 2세는 BC793년 즉위하여 41년간 북이스라엘을, 웃시야는 BC790년 즉위하여 52년간 남유다를 다스렸습니다. 호세아는 이때 활동했고, 동시대에 아모스가 있습니다. 두 왕의 재임말기에 남유다에 이사야와 미가가 등장합니다. 이 당시는 아람과 앗수르, 이집트 등이 특별히 다른 나라들을 침공하지 않아서 북이스라엘과 남유다는 평화, 안정, 부를 축적하는 기간이었습니다. 그러다 보니 호세아는 우상숭배를 지적합니다. 1~3장 호세아 부인 고멜이 집을 버리고 다른 남자에게 가지만 호세아가 값을 지불하고 종으로 있는 자기 아내를 데리고 옵니다. 3~14장은 이스라엘의 우상숭배에도 하나님은 참으십니다. 이때 심판치 않고 징계하심으로 하나님으로 돌아오기를 기다리시는 하나님의 사랑과 마음을 알 수 있습니다. 호세아서는 고멜을 꼭 기억해야 합니다. 호세아서의 또 다른 특징은 은유법을 사용한 표현이 많습니다. 아골 골짜기, 우상과 연합, 뒤집지 않은 전병, 백발이 무성함, 즐겨 쓰지 아니하는 그릇, 거짓 저울, 에브라임 등입니다. 이 중 8장 8절의 즐겨 쓰지 않는 그릇은 하나님으로부터 멀리 떨어짐을 의미합니다. 아모스서에서 다시 언급하겠지만 암송하는 문장은 **좋(호)아요이미**입니다. 호세아, 아모스, 요나, 이사야, 미가 모두 동시대 북이스라엘과 남유다 선지자들입니다. **좋(호)아요이미~, 좋(호)아요이미~**

호세아 10:12

너희가 자기를 위하여 의를 심고 긍휼을 거두라 지금이 곧 여호와를 찾을 때니 너희 묵은 땅을 기경하라 마침내 여호와께서 임하사 의를 비처럼 너희에게 내리시리라

호세아 14:9

누가 지혜가 있어 이런 일을 깨달으며 누가 총명이 있어 이런 일을 알겠느냐 여호와의 도는 정직하니 의인은 그 길로 다니거니와 그러나 죄인은 그 길에 걸려 넘어지리라

요엘서

요엘서를 정리합니다. 요엘서는 이야기식으로 암기할 성경입니다. 히브리어로 엘, 엘로아흐, 엘로힘이 모두 여호와를 지칭합니다. 요엘의 뜻은 **"여호와는 하나님이시다"**입니다. 요엘의 아버지는 브두엘인데 **"하나님의 설득자"**란 뜻입니다. 브두엘은 창세기에서 나홀의 아들로도 나옵니다. 창세기의 브두엘은 리브가와 라반을 낳습니다. 요엘의 아버지 브두엘과 나홀의 아들 브두엘은 동명이인입니다. 성경에는 동명이인이 많습니다. 요엘을 공부하다가 성경 중에 기록연대를 가장 파악하기가 어려운 성경이 요엘임을 알았습니다. 왜냐하면 신학자마다 목회자마다 기록연대가 천차만별이기 때문입니다. 요엘은 BC8세기의 이사야, 미가, 요나와 동시대 선지자라고 주장하는 문헌도 있고, BC9세기 인물이라고 주장하는 신학자도 있습니다. 또 어떤 신학자들은 요엘서가 소선지서의 선지자들을 모두 망라하고 있어 에스라, 느헤미야, 말라기 때의 선지자라고 말하기도 합니다. 또 다른 신학자들은 남유다가 멸망하는 시기, 즉 스바냐, 하박국, 나훔 선지자들이 활동한 시기와 동시대의 인물이라고 주장합니다. 본인은 성경내용을 어떻게 하면 오랫동안 암송할 수 있는지에 관심이 있어 기록연대에 대한 부분은 신학자들의 연구대상의 몫으로 돌리고자 합니다. 요엘서는 총 3장으로 구성되어 있고, 암기문장은 없지만 기억해야 할 내용이 있습니다. 원래 히브리성경 원문에는 4장으로 구성되어 있다고 합니다.

여호와 날의 역사적 회고, 심판, 메뚜기, 1장

여호와 날의 예언적 기대, 군대, 회개, 구원, 성령, 2~3장

요엘서는 메뚜기가 땅을 황폐화시킨 과거를 회고하며 죄를 자복하고 회개하면 심판의 날에 구원을 받는다고 말하고 있습니다. 신학자들은 요엘서 1

장 13~14절을 근거하여 남유다가 기본적인 제사의 형식에 소홀하고, 모이기에 등한시한 것을 여러 죄 중의 하나로 보고 있습니다. 메뚜기는 고대 근동지역에서는 농작물을 완전히 초토화시키는 두려운 존재로 인식되어 있었습니다. 또, 앞으로 다가올 미래에는 주변국의 군대가 이스라엘을 침공할 거라고 예언하며, 죄를 회개하고 자복하면 하나님은 이스라엘백성을 보호할 거라고 이야기합니다. 미래에 예수 그리스도가 심판자로 오심을 예언하고 있습니다. 요엘서를 생각할 때 **여호와의 날, 메뚜기, 죄의 회개, 군대, 예수님**을 꼭 기억하시기 바랍니다. 요엘서 말씀 중 2장 10절, 2장 31절은 마태복음 24장 29절에서 예수님의 재림의 표적과, 요엘서 2장 28~32절은 사도행전 2장 16~21절의 오순절 베드로 설교와, 요엘서 2장 32절은 로마서 10장 12~13절의 구원에 관한 바울의 편지와 밀접한 관계를 갖고 있습니다. 요엘서는 신약에서 예수님이, 베드로가, 바울이 인용했다는 점에서 신학적으로 매우 중요하게 받아들여지고 있습니다.

요엘 2:13

너희는 옷을 찢지 말고 마음을 찢고 나의 하나님 여호와께로 돌아올지어다 그는 은혜로우시며 자비로우시며 노하기를 더디하시며 인애가 크시사 뜻을 돌이켜 재앙을 내리지 아니하시나니

아모스서

소선지서 아모스를 이야기하고자 합니다. 아모스하면 꼭 기억해야 하는 것이 공의와 정의입니다. 그리고 BC793년에 즉위한 북이스라엘 왕 여로보암 2세와 BC790년에 즉위한 남유다 왕 웃시야를 기억해주세요. BC8세기와 40년도 같이 기억해주십시오. 아모스는 이때 활동했고, 동시대에 호세아와 요나가 있습니다. 두 왕의 재임 말기에 이사야와 미가가 등장합니다. **'좋(호)아요이미'**라고 외워주세요. **좋(호)아요이미, 좋(호)아요이미, 좋(호)아요이미** 3번만 반복해보세요. 머리에 잔상이 남습니다. 이 당시는 아람과 앗수르, 이집트 등이 특별히 다른 나라들을 침공하지 않아서 북이스라엘과 남유다는 평화, 안정, 부를 축적하는 기간이었습니다. 그러다 보니 우상숭배와 빈부격차, 가진 자들의 부도덕이 문제가 되었고 아모스는 이를 지적합니다. 1~2장은 주변나라의 하나님 심판, 3~6장은 이스라엘의 심판을, 7~9장은 미래의 심판과 다윗의 혈통을 이야기하며 희망을 얘기합니다. 미래의 심판을 5가지 환상으로 이야기합니다. 성경에 메뚜기에 관한 내용이 참 많습니다.

썩은 부사(부서)를 **담다**가 결국 **불매(불메)**운동 당하다.

썩은 과일 바구니
부서지는 기둥
담벼락과 **다**림줄
불 심판
메뚜기 떼 심판

주변국의 심판, 이스라엘의 심판, 미래의 심판, 사회의 정의와 공의를 아모스는 외치고 있습니다. 구체적인 5가지 환상의 내용은 책을 읽는 성도들의 몫입니다. 뼈에 살을 붙이시기 바랍니다.

아모스 5:24
오직 공법을 물같이 정의를 하수 같이 흘릴지로다

오바댜서

오바댜서를 요약해 봅니다. 오바댜는 1장으로 구성되어 있고 예레미아, 다니엘, 에스겔과 동시대 선지자로 알려져 있습니다. **오빠닭은 한 장이면 충분합니다.** 만 원 한 장. 그래서 오바댜서는 1장으로 이루어져 있습니다. 오바댜서는 사해 아래에 위치한 에돔의 멸망을 예언하고 있습니다. 바벨론이 남유다를 침공하는 동안 바벨론을 도와주거나 기뻐했기 때문입니다. 형제 나라로서 이스라엘을 도와주어야 할 사이인데도 오히려 망하도록 방조합니다. 시편 137편 7절에 **"헐어 버리라 헐어 버리라 그 기초까지 헐어 버리라"** 라고 에돔이 이스라엘의 멸망을 바라고 있는 것을 볼 수 있습니다. 이에 하나님은 오바댜를 통해 에돔의 멸망을 예언합니다. 남유다가 바벨론에 정복당한 뒤 5년 후에 바벨론에 의해 멸망합니다. 에돔의 멸망사유는 3가지 죄 때문인데, 교만함, 탐욕 및 같은 동족의 슬픔을 보고 즐기는 무자비함입니다. 예수님의 부활 이후 지구상에서 완전히 사라집니다. 오바댜서를 묵상하거나 공부할 때는 에돔의 멸망을 꼭 기억하세요. 에돔은 남유다 아래에 위치합니다. 에돔은 이삭의 아들 에서의 후예들이 세운 나라이지요. 도시들이 높은 바위산에 많이 위치해 있어서 난공불락이라고 굳게 믿었던 교만한 나라가 에돔입니다.

오바댜 1:4

네가 독수리처럼 높이 오르며 별 사이에 깃들일지라도 내가 거기서 너를 끌어내리리라 나 여호와가 말하였느니라

요나서

요나서를 살펴봅니다.

북이좋(호)아요

북이스라엘 여로보암2세 때 선지자는 호세아, 아모스, 요나입니다. 이 당시는 앗수르가 강성할 때입니다. 하나님은 요나에게 앗수르 니느웨에 가서 죄로 인하여 멸망한다고 외치라고 명령하십니다. 그러나 요나는 다른 곳인 다시스로 배를 타고 가다가 풍랑을 만나 바다에 던져지게 됩니다. 요나는 물고기 배 속에 들어가서 하나님의 명령에 순종하지 않은 것을 회개합니다. 물고기 배 속에서 나온 요나는 하나님 명령에 순종하여 니느웨로 가서 멸망함을 외치자 요나에 있던 거의 모든 백성이 회개합니다. 니느웨 백성의 정확한 숫자는 4장 11절에 좌우를 분변하지 못하는 자가 12만 명이라고 나옵니다. 하나님은 회개한 니느웨 백성을 진멸하지 않고 용서합니다. 죄 많은 니느웨가 망하길 바랐던 요나는 하나님께 원망하지만 하나님은 모든 이의 사랑이심을 가르쳐 주십니다. 마태복음 12장 40~41절에 예수님은 요나가 물고기 배 속에 3일간 있었듯이 예수님 자신도 무덤에서 3일간 계심을 예시하십니나.

요나 2:7

내 영혼이 내 속에서 피곤할 때에 내가 여호와를 생각하였더니 내 기도가 주께 이르렀사오며 주의 성전에 미쳤나이다.

미가서

미가서를 같이 볼까요? 북이스라엘에 아모스가 있다면 남유다에는 미가가 있습니다. 미가는 남유다 요담, 아하스, 히스기야왕 때 선지자이며 이사야 선지자가 동시대 선지자이며 북이스라엘에는 호세아, 아모스, 요나가 있습니다. 이사야는 예루살렘 출신이지만 미가는 시골 변방 출신입니다. 요담~히스기야 때까지는 BC700년 전후입니다. 앗수르가 강성하고 신바벨론이 힘을 쓰기 시작하는 시기입니다. 이 당시 이스라엘에서는 우상숭배가 만연하고 사회지도층들의 부패가 심각했습니다. 미가는 죄 때문에 포로가 될 것이라 예언합니다. 원수는 다시 고통을 당하며 베들레헴의 예수님 탄생을 예언합니다. 마태복음 2장 6절에서 헤롯 안티파스가 대제사장들과 서기관들을 통해 예수님이 베들레헴에서 태어남을 알게 됩니다. 대제사장들과 서기관들은 미가서 5장 2절 말씀을 알고 있었습니다. 예수님이 태어나기 700년 전에 태어날 곳을 예언하는 미가서를 통해 하나님의 위대하심과 예비하심에 놀라울 따름입니다. 백성들을 향해 순종하라고 말하며 하나님은 이스라엘백성을 양같이 사랑함을 이야기합니다.

미가 5:2

베들레헴 에브라다야 너는 유다 족속 중에 작을지라도 이스라엘을 다스릴 자가 네게서 내게로 나올 것이라 그의 근본은 상고에, 영원에 있느니라

미가 6:8

사람아 주께서 선한 것이 무엇임을 네게 보이셨나니 여호와께서 네게 구하시는 것은 오직 정의를 행하며 인자를 사랑하며 겸손하게 네 하나님과 함께 행하는 것이 아니냐

나훔서

나훔서를 같이 봅시다. 나훔은 위로라는 뜻을 갖고 있습니다. 나훔과 동시대 선지자는 예레미야, 스바냐, 하박국입니다. 나훔이 히스기야, 이사야와 동시대 인물이라고 기술한 책도 있고, 남유다 므낫세, 아몬, 요시야왕 때 예언했던 선지자라고 언급한 책도 있습니다. 두란노 핵심성경과 조병호 박사의 통성경에서는 남유다 요시야왕 때 활동한 선지자로 나옵니다. 나훔이 활동한 시기를 추측할 수 있는 두 사건이 있는데, 나훔 3장 8-10절에서 이집트 북부 수도였던 노아몬의 앗수르 함락(BC663)과 앗수르 수도 니느웨의 멸망(BC612)입니다. 따라서 나훔은 이 시기 중간에 활동했을 것으로 추측합니다. 따라서 저자마다의 주장은 근거를 갖고 있습니다. 그렇지만 남유다 요시야왕이 BC640~BC609 기간에 재임하였기에 요시야왕 때 주로 활동한 선지자로 보면 무난할 것 같습니다. 요나가 앗수르의 니느웨의 심판을 전하자 죄를 회개한 지 100년이 지나 다시 악이 흘러넘쳤습니다. 이번엔 나훔이 니느웨의 완전한 심판만을 전하게 됩니다. 앗수르는 주변 나라들에게 사악하고 야만적이고 잔인한 행동을 일삼았습니다. 나훔서 1장 8절에 물로 망한다고 예언한 바와 같이 물로 심판을 받습니다. 견고한 니느웨성 주변으로 티그리스강과 고셀강이 흐릅니다. 성벽 높이 30m의 난공불락 같던 니느웨가 바벨론에 함락되었습니다. 암기할 문장이 없는 성경은 제목으로 어떤 내용이라는 것에 대한 유추가 가능해야 합니다. 나훔은 니느웨 멸망, 동시대 선지자 **'예스하나'**는 꼭 기억해야 합니다. 예레미야, 스바냐, 하박국, 나훔입니다. 앗수르의 멸망은 하나님 공의의 실현이자 이스라엘에게는 위로와 사랑입니다.

나훔 1:3	

여호와는 노하기를 더디하시며 권능이 크시며 벌 받을 자를 결코 내버려두지 아니하시느니라 여호와의 길은 회오리바람과 광풍에 있고 구름은 그의 발에 티끌이로다

나훔 1:15	

볼지어다 아름다운 소식을 알리고 화평을 전하는 자의 발이 산 위에 있도다 유다야 네 절기를 지키고 네 서원을 갚을지어다 악인이 진멸되었으니 그가 다시는 네 가운데로 통행하지 아니하리로다 하시니라

하박국서

하박국서를 봅시다. 본인은 하박국을 보면 미역국, 된장국 등이 생각나서 우리에게 친근함이 느껴집니다. 동시대에 예레미야, 스바냐, 나훔, 다니엘이 있습니다. 남유다 요시야왕 후반기, 여호야김왕 초반에 활동한 선지자입니다. 요시야왕은 BC640~609, 여호야김은 BC609~598년 남유다를 통치합니다. BC605년에 다니엘 등을 잡아간 바벨론의 1차 포로시기가 있습니다. 남유다의 죄와 바벨론의 죄에 대해 하나님의 징계를 질문합니다. 바벨론이 남유다를 정복할 거라 대답하시자, 하박국은 남유다보다 더 의롭지 못한 바벨론이 남유다를 정복하냐고 항의합니다. 그러나 하나님의 구원계획을 들은 하박국은 기뻐하게 됩니다. 하박국서도 스바냐서처럼 유명한 성경구절이 있습니다. 하박국서 3장 17~18절입니다. **"비록 무화과 나무가 무성하지 못하며 포도나무의 열매가 없으며 감람나무에 소출이 없으며 밭에 먹을 것이 없으며 우리에 양이 없으며 외양간에 소가 없을 지라도 나는 여호와로 즐거워하며 나의 구원의 하나님으로 말미암아 기뻐하리로다"** 인간의 생각으로 하나님의 구원사역을 이해하는 건 불가능합니다. 하나님의 주권과 전지전능함을 깨닫고 의에 동참하는 삶이 우리 인간에게 주어진 의무이자 즐거움입니다. 하박국이 기뻐하고 즐거워했듯이~

하박국 1:13

주께서는 눈이 정결하시므로 악을 차마 보지 못하시며 패역을 차마 보지 못하시거늘 어찌하여 거짓된 자들을 방관하시며 악인이 자기보다 의로운 사람을 삼키는데도 잠잠하시나이까

스바냐서

스바냐서를 봅시다. 선지서 중 스바냐서는 얘기할 게 많습니다. 일단 남유다 요시아왕 때 활동한 선지자입니다. 동시대에 활동한 선지자는 예레미야, 하박국, 나훔입니다. 스바냐, 하박국, 나훔 모두 3장으로 구성되어 있습니다. 암기방법을 알려드립니다.

예스하나

예레미야, 스바냐, 하박국, 나훔입니다. 예레미야는 바벨론이 이스라엘을 정복하는 게 하나님의 뜻이라고 전했던 눈물의 선지자, 하박국은 더 악한 바벨론이 이스라엘을 정복하는 게 하나님의 뜻이냐고 의심했던 선지자이지만 결국에 하나님의 웅장한 구속사를 깨달은 자, 나훔은 교만한 앗수르의 폐망을 예언한 선지자이며, 그가 쓴 선지서는 요나서와 대조되는 선지서입니다. 스바냐는 히스기야왕의 후손으로 왕족 출신이며 요시아왕 때 활동한 남유다의 대표적 선지자입니다. 우상숭배와 종교지도자, 사회특권계층의 죄가 범람했던 므낫세와 아몬시기를 거쳐 요시아는 종교개혁을 단행합니다. 요시아는 BC640~609년의 기간 동안 즉위했습니다. 아버지 아몬이 암살당하고 8세에 왕으로 즉위합니다. 아세라상, 바알신, 일월성신 등을 제거하고 종교개혁을 단행하지만 남유다의 부패와 죄악은 사그라들지 않습니다. 하나님은 **여호와의 날**을 말씀하시며 남유다의 심판, 멸망을 준비하십니다. 요엘서의 Keyword도 **여호와의 날**입니다. 요엘서와 스바냐서는 **여호와의 날**, 즉 심판의 날을 얘기한다는 점에서 공통점이 있습니다. 물론 다른 선지서들도 하나님의 심판을 이야기합니다. 스바냐는 하나님의 계획을 남유다 백성에게 선포합니다. 그러나 하나님의 규례를 지키고 겸손하며 공의를 구하는 자, 인내하는 자에게는 하나님의 심판에서 벗어날 수 있음을 얘기합니다.

스바냐의 유명한 말씀이 있습니다. 스바냐 3장 17절입니다. **"너의 하나님 여호와가 너의 가운데 계시니. 그는 구원을 베푸시는 전능자이시라. 그가 너로 말미암아 기쁨을 이기지 못하시며 너를 잠잠히 사랑하시며 너로 말미암아 즐거이 부르며 기뻐하시리라 하리라"** 하나님은 심판 후에 이스라엘의 회복을 계획하고 계십니다. 스바냐 뜻은 여호와께서 숨기신다, 보호하신다는 뜻을 갖고 있습니다. 세계 최강 전투기는 스텔스 전투기입니다. 레이더에 탐지가 되지 않습니다. 적에게 포착이 되지 않습니다. 숨는 데는 천재입니다. **스바냐서를 볼 때는 항상 스텔스를 생각하십시오.** 하나님이 숨기신다. 패역한 므낫세, 아몬시대에 살아남아서 세상을 바꿔주기를 간절히 바라는 부모님의 심정이 느껴지지 않습니까? 요엘서와 아모스서도 하나님의 심판을 얘기한다는 점에서 공통점이 있습니다.

스바냐 3:17

너의 하나님 여호와가 너의 가운데에 계시니 그는 구원을 베푸실 전능자이시라 그가 너로 말미암아 기쁨을 이기지 못하시며 너를 잠잠히 사랑하시며 너로 말미암아 즐거이 부르며 기뻐하시리라 하리라

학개서와 스가랴서

학개와 스가랴서를 봅시다. 학개와 스가랴는 이스라엘 1차 포로귀환과 같이 생각해야 합니다. 남유다 여호야김은 BC609~BC589년 즉위했고 BC605년에 다니엘이 잡혀간 바벨론 1차 포로사건이 있었습니다. 그로부터 약 70년 후인 BC537년 스룹바벨과 여호수아가 5만 명을 데리고 귀환합니다. 페르시아 고레스왕(또는 메데 섭정왕 다리오왕) 때입니다. 이때 학개와 스가랴도 같이 귀환한 것으로 문헌에서 얘기하고 있습니다. 그러기에 1차 귀환과 학개, 스가랴는 항상 기억해야 합니다. 스룹바벨과 여호수아가 귀환해서 무엇을 했을까요? 성전재건을 했죠. 그러나 16년간 성전재건이 중단되어 학개와 스가랴 선지자는 성전재건을 외칩니다. 학개는 성전재건과 하나님은 스룹바벨을 축복할 거라 외칩니다. 스룹바벨은 다윗의 족보, 예수님의 족보에 나오는 인물입니다.

학개는 두개

학개서는 2장으로 구성되어 있습니다. 학개는 두개라고 외우면 까먹지 않습니다. 스가랴도 성전재건을 외치며 이스라엘 백성들을 환상을 통해 위로와 격려를 합니다.

스가랴야~ 순대를 화석 네 뿔을 측량할 날에 네라.

스가랴를 생각할 때 순대를 기억하세요. 성전재건이니 스가랴가 측량하는 사람과 관계가 있음을 기억하세요. 순대를 화석으로 되이 있는 네 뿔을 측량하는 날에 쏘라는 뜻입니다.

순은 순금 등잔대로 스룹바벨과 여호수아에게 하나님의 영으로 능력 주심을 의미합니다. 대는 대제사장 여호수아가 정결케 됨을 의미합니다. 화는 화석나무 사이의 말 탄 자들입니다. 이것은 이스라엘과 백성을 회복하심입니다. 네 뿔은 네 개의 뿔과 네 명의 대장장이를 의미하고, 이것은 이스라엘을 압제하는 세력이 심판받는다는 의미이고, 측량은 측량줄을 의미하며 이스라엘의 회복을 의미합니다. 날은 날아다니는 두루마리로 개인의 죄가 심판받고, 에는 에바 속의 여인으로 민족의 죄가 제거되는 것이고, 네는 네 병거로 열방이 심판받는 것을 의미합니다. 위로와 심판을 통해 이스라엘 백성을 격려하고 있습니다. 궁극적으로 예수 그리스도의 오심을 예언하며 이스라엘 백성들에게 희망을 줍니다.

일제 칼에 찔린 여샘 모든 선하고 겸손한 천사(싹)이다.

예수님을 여러 가지로 예언하는데 일은 일곱 눈을 가진 돌을, 제는 제사장, 칼은 칼에 치인 목자, 찔은 찔린 자, 여는 여호와의 천사, 샘은 죄는 죄와 더러움을 씻는 샘이라는 뜻입니다. 선은 선한 목자, 겸은 겸손의 왕, 천은 천하의 왕, 사는 싹을 의미합니다. 스가랴서는 외울 게 많죠. 스가랴는 구약 말기에 중요한 소선지서로서 큰 의미가 있기에 힘들더라도 꼭 암기하세요. 스가랴는 순대와 같이 외워주세요. 이 시기에 에스더여왕의 이야기가 선개됩니다. 아하수에로 왕의 부인입니다. 그리고 BC458년 2차 귀환 때에 에스라, BC445년 3차 귀환 때 느헤미야 순으로 이어집니다.

학개 1:6

너희가 많이 뿌릴지라도 수확이 적으며 먹을지라도 배부르지 못하며 마실지라도 흡족하지 못하며 입어도 따뜻하지 못하며 일꾼이 삯을 받아도 그것을 구멍 뚫어진 전대에 넣음이 되느니라

스가랴 7:10

과부와 고아와 나그네와 궁핍한 자를 압제하지 말며 서로 해하려고 마음에 도모하지 말라 하였으나

말라기서

말라기를 알아봅시다. 말라기 선지자는 느헤미야와 동시대 인물이며, BC433년부터 활동했고, 말라기는 4장까지 있습니다. 하나님의 사랑 선포, 이스라엘의 죄의 경고, 이스라엘 심판, 오실 예수 그리스도 선포로 구성되어 있습니다. 거의 모든 선지서에는 심판이 나옵니다. 이스라엘이 지은 죄가 뭘까요? 암기 방법을 알려드립니다.

말라기가 **우의**를 **이십** 개만 **제봉**해 달라고 합니다.

구약 마지막 때에는 비가 많이 왔나 봅니다. 우의를 제봉해 달라고 하는 것을 볼 때 말입니다.

우상숭배
하나님의 사랑과 정의를 **의**심
이혼
십일조와 **봉**헌물 도적질
제사장 역할 소홀히 함 - 거짓 제사, 형식적 제사를 드림

각 선지서에는 우상숭배가 꼭 들어가는군요. 하나님 외에 다른 신을 섬기지 말라고 하나님께서 그렇게 명령을 하셨는데 말도 정말로 안 듣는군요. 말라기서 이후 약 400년간 하나님은 침묵하십니다.

말라기 3:6	하나님의 속성 - 불변하심

나 여호와는 변하지 아니하나니 그러므로 야곱의 자손들아 너희가 소멸되지 아니하느니라

말라기 3:10

만군의 여호와가 이르노라 너희의 온전한 십일조를 창고에 들여 나의 집에 양식이 있게 하고 그것으로 나를 시험하여 내가 하늘 문을 열고 너희에게 복을 쌓을 곳이 없도록 붓지 아니하나 보라

소선지서(12권) 요약

성경	기록 시기	활동 지역	주요내용 (뼈대)	암송방법
호세아	BC8세기 초반~ 후반	북이스라엘	• 값을 치러 집 나간 아내 고멜을 데리고 온 호세아(호1~3장) • 북이스라엘의 죄에 대한 징계와 대속(예수님)을 통한 구원과 사랑(호4~14장)	• 이야기식
요엘	-	남유다	• 여호와의 날-메뚜기 심판 회고(욜1장) • 여호와의 날-군대 심판 미래(욜2~3장)	• 이야기식
아모스	BC8세기 초반	북이스라엘	• 공의와 정의 • 주변국심판(암1~2장) • 이스라엘 심판(암3~6장) • 미래심판과 다윗혈통(암7~9장)	• 이야기식 • **썩은 부사(부서)를 담다가 결국 불매(불메) 운동 당하다.** - 미래의 심판 5가지
오바댜	BC6세기 초반	남유다	• 에돔의 멸망 • 교만, 탐욕, 무자비	• 이야기식
요나	BC8세기 초반	북이스라엘	• 요나의 회개 선포 • 앗수르 니느웨 회개-하나님의 용서	• 이야기식

성경	기록 시기	활동 지역	주요내용 (뼈대)	암송방법
미가	BC8세기 중반~후반	북이스라엘 남유다	• 우상숭배와 사회지도층의 부패 • 북이스라엘과 남유다의 심판-포로 (미1~3장) • 포로에서 귀환, 베들레헴 예수님의 구원과 심판(미4~5장) • 하나님이 이스라엘의 죄를 지적, 심판과 형벌, 사랑으로 돌보심(미6~7장)	• 이야기식
나훔	BC7세기 중반	남유다	• 니느웨에 대한 하나님의 진노 (나1장) • 니느웨의 멸망 (나2~3장)	• 이야기식
하박국	BC7세기 후반	남유다	• 하나님과 하박국의 대화(합1~2장) • 하나님의 구원계획에 기뻐하는 하박국 (합3장)	• 이야기식
스바냐	BC7세기 중반~후반	남유다	• 여호와의 날-환난, 고통, 황폐, 패망, 희생과 분노 • 남유다의 심판과 멸망(습1~2장) • 이스라엘 회복(습3장)	• 이야기식

성경	기록 시기	활동 지역	주요내용 (뼈대)	암송방법
학개	BC6세기 후반	이스라엘	• 성전 재건을 촉구(학1장) • 재건을 통한 하나님의 복, 스룹바벨의 축복(학2장)	• 이야기식
스가랴	BC6세기 후반	이스라엘	• 성전 재건을 촉구 • 환상을 통한 위로와 격려 • 예수님에 대한 여러 가지 예언	**• 순대를 화석네 뿔을 측량할 날에 네라** **• 일제 칼에 찔린 여샘 모든 선하고 겸손한 천사(싹)이다.**
말라기	BC5세기 후반	이스라엘	• 하나님의 사랑선포, 이스라엘의 죄의 경고, 이스라엘 심판, 오실 예수 그리스도 선포	**• 말라기가 우의를 이십 개만 제봉해 달라고 합니다.**

신구약 중간사

신구약 중간사 400년을 정리해 보겠습니다. 중간사는 암기할 내용이 없습니다. 다만 이야기의 줄거리를 이해하면 됩니다. 말라기를 끝으로 **페르시아제국**이 팔레스타인지역의 패권을 장악합니다. 페르시아는 중앙아시아의 아리안족이 페르시아지역으로 이동하여 세계 역사상 가장 강력한 제국인 아케메니드 페르시아 왕조(바사)를 만들었습니다. 페르시아 제국의 창시자인 고레스왕으로부터 캄비세스 2세, 다음으로 다리오 1세가 즉위합니다. 다리오 1세 때 캄비세스 2세 때부터 16년간 중단되었던 성전건설이 시작되어, BC516년에 스룹바벨 성전이 재건됩니다. 고레스왕 때 메데지역에 고레스의 외삼촌인 다리오왕이 섭정왕으로 2년을 다스립니다. 다니엘서 6장, 9장에 다니엘을 사자굴에 던진 왕이 메데 다리오왕입니다. 이 다리오왕은 캄비세스 2세 이후의 다리오 1세와는 관계가 없습니다. 동명이인입니다. 다리오 1세가 2번의 그리스정복에 실패하고, 그의 아들 아하수에로왕(에스더의 남편)이 살라미스해전에서 참패함으로 페르시아는 급격하게 힘이 약해지면서 패망의 길로 들어서다가 다리오 3세가 **마케도니아**의 알렉산더에게 완전히 정복당합니다. 아하수에로왕 이후에 아닥사스다 1세가 즉위하고 BC458년에 에스라를 포함한 이스라엘 2차 포로귀환, BC445년에 느헤미야를 포함한 3차 포로귀환이 이루어집니다. 아닥사스다 이후에 아하수에로 2세, 다리오 2세, 아닥사스다 2세, 3세, 아르세스, 다리오 3세가 통치합니다. 참고로 페르시아는 1935년 팔레비왕정이 새로운 나라의 부흥과 발전을 도모하기 위해 이란으로 국명을 바꾸었습니다.

유사하게 보이는 숫자인 **332, 323, 32**를 잘 기억하시기 바랍니다. 알렉산더는 BC332년에 이집트를 점령하고 알렉산드리아도시를 세웁니다. 이때 히브리언어로 되어 있던 성경을 헬라어로 번역합니다. 이스라엘 12지파에서 6명씩 차출하여 72명이 히브리어를 헬라어로 번역을 합니다. 72명이지만 간단히 70인의 역이라고 말합니다. 이것이 현재의 구약성경의 시초가 되는데 후에 유대교는 AD90~100 얌니아 랍비회의에서 초기 번역본 54권 중에 39권만을 채택하고 외경 15권을 제외합니다. 카톨릭은 39권에 외경 7권을 추가하여 46권, 개신교는 루터 종교개혁 이후 39권으로 확정합니다. 단, 유대교와 개신교가 구약 권수는 같지만 분류방식에 차이가 있습니다. 참고로 알렉산드리아의 교부이며 주교인 아타나시우스가 분류한 신약성경 27권을 AD397년 카르타고 공의회에서 결정하고 AD419년에 최종 확정함으로써 카톨릭과 개신교는 신약 27권을 채택하였습니다. 이렇게 성경이 구전되던 내용을 문서화하고 체계화하여 하나의 책으로 정해지는 과정을 성경의 정경화라고 합니다.

고대 동방의 문명을 오리엔탈 문명이라 하고 그리스문명과 융합하여 헬라문명이 탄생합니다. BC323년에 32세 나이로 알렉산더가 죽고, 부하들이 분할 통치를 하게 됩니다. 그렇게 이집트 헬라제국인 **프톨레미 왕조**가 주도권을 갖고 있다가 그 후에 시리아 헬라제국인 **셀루커스 왕조**가 지배합니다. 이때 로마제국이 등장하고 셀루커스 왕조와 로마제국의 전쟁에서 셀루커스가 패하자 막대한 전쟁배상금을 로마에 바칩니다. 이 배상금을 이스라엘의 세금으로 충당하려 했고, 이에 괴롭힘을 당하던 유대가 폭동을 일으킨 사건이 **마카비 혁명**입니다. 유대민족을 괴롭힌 대표적인 인물이 셀루커스왕조의 안티오쿠스 4세입니다. 에피파네스라고도 합니다. 이 혁명으로 셀루커스 왕조는 철수하고 이 과정에서 유대의 바리새파, 사두개파, 에세네파, 열심당 등의 분파가 생겨납니다. 마카비 혁명으로 유대 땅에는 **하스몬이라는 독립왕조**가 잠시 탄생합니다. 그러나 로마제국에 곧이어 정복당합니다. **로마**는 BC8세기 로물루스와 레무스에 의해 세워지고 왕정, 원로원, 공화정 등 통치체제의 진

통을 겪다가 북아프리카 카르타고와의 포에니전쟁(3차에 걸친 120년간의 전쟁)을 승리로 이끌면서 헬라제국의 위협적인 세력으로서 자리를 지키기 시작합니다. **로카시포**를 암기해 주세요. 로마와 카르타고가 시칠리아섬을 두고 벌인 전쟁이 포에니전쟁입니다. 카르타고의 한니발이라는 유명한 장군이 있었지만 전쟁에서 패하였습니다.

로마는 **BC63년 폼페이우스**를 시작으로 **BC60년 카이사르**가 등장하고 크라수스와 1차 삼두정치가 이루어집니다. 로마제국을 장악한 카이사르(영어로는 줄리어스 시저)가 죽고 양아들 **옥타비아누스**(성경에는 아구스도)와 부하인 안토니우스, 레피투스의 2차 삼두정치가 시작됩니다. 옥타비아누스가 로마를 장악할 때 에돔 출신 **헤롯대왕**이 로마에 정치력을 발휘하여 **BC37년에 유대 땅의 분봉 왕**이 됩니다. 이때 유대 제사장들에게 종교만은 자치 전권을 줌으로써 페르시아제국 때 만들어진 산헤드린 공회가 막강한 권력을 갖습니다. 그러나 BC4년에 헤롯은 죽고 그의 아들들이 유대 땅을 분할 관리합니다. 유대는 헤롯 아켈라오, 갈릴리와 베레아는 헤롯 안티파스, 갈릴리 동부는 헤롯 빌립이 각각 관리합니다.

옥타비아누스의 세금누수를 막기 위한 호구조사 명령 때문에 요셉과 마리아는 베들레헴으로 갑니다. 이때 예수님이 마구간에서 탄생합니다. 예수님의 공생애 때 갈릴리지역을 관리했던 인물이 **헤롯 안티파스**입니다. 이 당시 로마황제는 **티베리우스**입니다.

예수님을 십자가에 못 박은 대표적인 주동자들이 **바리새파와 사두개파**이며, 이들은 마카비 혁명 때 생겨난 종교적 분파들입니다. 사실 바리새파는 귀족이 아닌 도시 상인의 후손들로 구성되어 있고 셀루코스 왕조의 안티오쿠스 4세, 즉 에피파네스가 유대인들을 인본주의 헬라문화로 개종시킬 때 끝까지 정절을 지킨 자존심이 강한 사람들입니다. 세리 니고데모나 사도 바울도 바리새파 출신입니다. 그러나 사두개파는 제사장들의 후손들로서 헬라문화를 일부분 받아들이고 율법을 지키는, 양다리를 걸친 권력 타협형 분파입니다. 세속적이며 현실 타협주의이며 부활, 천사, 사탄을 부인하는 분파입니다. 바리새파와 사두개파는 그들의 기득권과 금전, 종교적 교만 등으로 예수님을 십자가에 못 박는 크나큰 죄를 저지르게 됩니다.

쉬어가는 코너 - 유대교, 기독교 및 이슬람교 비교

종교	구세주	창조주	경전	구원	권위	시작점
유대교	오지 않았다	유일신 야훼	타나크 39권 (토라, 케투빔, 네비임)	율법	성경	BC15세기 모세 (BC22세기 아브라함)
기독교	예수 그리스도	유일신 하나님 (삼위일체)	신구약 66권	믿음	성경	BC4년 예수 그리스도
이슬람교	없다	유일신 알라	코란 구약	행위	성경	AD610년경 무함마드

기독교, 유대교 및 이슬람교를 먼저 비교해 보고, 마지막에 개신교와 카톨릭을 비교해 보고자 합니다. 앞의 세 종교의 뿌리는 믿음의 조상 아브라함에서 나옵니다. 조병호 박사의 통성경에 의하면 아브라함은 BC2,091년에 젖과 꿀이 흐르는 약속의 땅 가나안(이스라엘)에 도착합니다. BC2,066년에 이삭을 낳습니다. 이때 나이가 100세입니다. 따라서 아브라함은 BC22세기에 태어난 사람으로 유대교의 시작을 아브라함에서 본다면 유대교는 BC22세기부터 시작했다고 볼 수 있습니다. 그러나 유대교란 율법을 근거로 하므로, 하나님의 말씀이 문자로 성문화된 시점은 모세가 시내산에서 율법을 받았을 때입니다. 따라서 정확히 말한다면 유대교의 시작점은 BC15세기라고 말할 수 있습니다. 모세 지도자를 통해 애굽(이집트)에서 노예생활을 하던 이스라엘 백성들을 하나님께서 탈출하게 하시고, 시

내산에서 하나님의 율법을 이스라엘 백성에게 줍니다. 하나님이 주신 율법(타나크)은 믿지만 BC4년에 탄생하신 예수님은 구세주로 믿지 않는 종교가 유대교입니다. 예수님을 랍비(교사) 정도로 봅니다. 오실 메시야가 아직 오지 않았다고 믿고 있으며, 그러기에 자신을 메시야라고 말씀하신 예수님을 신성모독자라고 주장하며 십자가에 못 박았습니다. 기독교는 예수 그리스도를 구세주라고 말하며, 오직 그를 믿음으로 구원을 받습니다. 예수님이 부활승천하시고, 성령이 도래 후 교회가 세워지면서 기독교의 기초 형태가 만들어졌다고 봅니다. AD90년 얌니아 랍비회의에서 구약성경 39권을 채택하게 되고, 기독교를 박해하던 로마가 갑자기 AD313년에 콘스탄티누스가 밀라노칙령을 통해 기독교를 인정하고, AD325년 니케아공의회에서 예수님의 신성을 확정합니다. 그리고 AD380년 테오도시우스가 기독교를 국교로 정합니다. AD397년 알렉산드리아의 교부였던 아타나시우스의 주도로 카르타고 공의회에서 신약성경 27권을 채택하므로 기독교의 틀이 완성됩니다. 그러나 이후 AD726년 성상숭배사건이 문제가 되어, 결국 AD1,054년 기독교는 로마카톨릭(서로마)과 동방정교회(동로마)로 분리됩니다. 이 중 로마카톨릭이 기독교의 주류역할을 하다가, AD16세기 로마카톨릭의 면죄부 사건이 발단되어 독일의 마르틴 루터에 의해 종교개혁이 일어나 로마카톨릭도 구교인 카톨릭(천주교)과 신교인 개신교로 분리됩니다. 카톨릭은 개신교와 달리 신구약 66권에 외경 7권을 합쳐 73권의 성경을 카톨릭의 경전으로 사용하고 있습니다. 개신교는, 성도라면 누구나 성경을 묵상하고 일부를 해석할 수 있는 권한과 모르는 부분은 주석과 복음주의 목회자들을 통해 이해하는, 대체적으로 자율적인 종교임에 반해, 카톨릭은 교황만이 성경을 해석할 수 있는 권한이 있습니다. 1대 교황은 사도 베드로이며, 현재 266대 교황은 프란치스코입니다. 카톨릭은 믿음과 행위에 의해 구원을 받으며, 작은 죄(소죄)를 지었을 때 가는 연옥이라는 존재와 예수님의 어머니인 마리아는 원죄가 없다거나 죽지 않고 승천했다거나 하나님의 어머니라는 점에서 개신교와 많은 차이를 보이고 있습니다.

AD726년 성상숭배 사건 이전 AD610년경에 중동의 메카라는 지역에 40세 무함마드가 알라신을 섬기는 이슬람교를 창시합니다. 이슬람의 경전인 코란은 AD610~AD632년에 쓰입니다. 이슬람교의 뿌리도 유대교와 같이 아브라함에서 시작하지만, 그 이후에는 여종 하갈에서 난 이스마엘을 이슬람 민족의 조상으로 봅니다. 유대교는 아브라함의 아내 사라에게서 난 이삭을 이스라엘 민족의 조상으로 봅니다. 이슬람교는 무함마드의 후계자(칼리프) 문제로 정통성을 주장하는 시아파와 어느 누구나 칼리프가 될 수 있다고 주장하는 수니파로 나뉩니다. 시아파는 무함마드의 적통 후계자를 알리라고 봅니다. 현재 수니파는 사우디아라비아를 중심으로, 시아파는 이란을 중심으로 활동하고 있으며, 이슬람 민족의 약 80~90%를 수니파가 차지하고 있습니다. IS나 알카에다 등 급진 테러집단은 거의 수니파소속이고, 시리아 내전의 중심에는 시아파가 있습니다. 수니파의 내부 질서와 문화는 수평적이며, 시아파는 상대적으로 권위적이며 수직적입니다. AD70년경 로마는 완전히 이스라엘 땅에서 유대인을 쫓아냅니다. 이때 이스라엘 유대민족은 아프리카, 유럽 등으로 흩어집니다. 이것을 우리는 디아스포라라고 말합니다. 유대민족이 쫓겨난 그 자리에 알라신을 믿는 이슬람 민족이 살게 됩니다. 세계 2차 대전 후 유대민족은 이스라엘 땅으로 다시 이주하면서 1948년 10월 이스라엘 국가를 세우고 기존에 살고 있는 이슬람 민족을 변방으로 쫓아냅니다. 친자인 이삭과 종의 아들 이스마엘의 자손의 운명으로 태어난 이스라엘과 이슬람 민족이 지금도 끊임없이 싸우는 이유가 여기에 있습니다.

AD1,054년 기독교는 로마카톨릭(서로마)과 동방정교회(동로마)로 분리되었다고 앞에서 언급했습니다. 동방정교회는 콘스탄티노플(이스탄불)을 중심으로 비잔티움제국이 형성되고 서로마는 로마를 중심으로 황제 중심의 신성로마제국이 왕성하던 시기에, 이스라엘과 아랍권 전역을 셀주크 투르크라는 이슬람 제국이 통치합니다. 비잔티움제국은 셀주크 투르크에 위협을 느껴 로마황제 우르바누스 2세에게 기독교 성지인 예루살렘 탈환을 요청하여 AD1,095년 클레르몽 공의회에서 십자군을 조직하여 예루살렘을 침공하기로 결의됩니다. AD11세기 말부터 AD13세기 말까지 무려 200년간 8차에 걸친 전쟁이 십자군전쟁입니다. 이 전쟁은 기독교 성지 탈환이라는 숭고한 목적도 있었지만 정치적, 경제적인 복잡한 이해관계의 득실이 전쟁으로 번진 지금까지 수많은 비평을 받고 있는 역사의 비극이라고 할 수 있습니다. 결국 전쟁은 이슬람의 승리로 끝났지만 예루살렘의 많은 유대 및 이슬람의 유적지가 파괴되고 양측 진영의 수많은 사람들이 죽었습니다. 유대민족과 이슬람이 지금까지 적대적 관계를 유지하고 있다면 기독교도 마찬가지로 이슬람과 적대적 관계를 갖게 된 것은 십자군전쟁의 영향이 크다고 볼 수 있습니다. 쉬어가는 코너 다음으로 신약을 얘기해야 하는데 유대교, 기독교 및 이슬람교를 비교하다 보니 십자군전쟁까지 왔네요. 십자군전쟁이 지금 1,000년이 지난 현대까지도 영향을 미치고 있다는 것은 놀라운 사실입니다.

다시 정리해 보면 유대교와 기독교, 이슬람교는 아브라함을 같은 소상으로 섬기고 있고 유대교는 위 세 가지 종교 중 가장 역사가 오래되고 메시야는 아직 오지 않았다고 믿고 있으며 하나님께서 유대민족, 즉 히브리민족만을 하나님의 선택받은 백성으로 여기신다는 선민사상을 갖고 있습니다. 성경은 구약성경인 타나크 39권을 경전으로 사용하고 있습니다. 기독교는 예수님을 구세주로 믿고 오직 예수님을 믿는 믿음으로 구원을 받습니다. 기독교는 시간이 흐르면서 동방정교회, 로마카톨릭, 성공회 등으로 분리됩니다. 특별히 로마 카톨릭은 마르틴 루터의 종교개혁이 발단되어 카톨릭과 개신교로 분리됩니다. 현재 주님을 믿는 자들이 믿는 종교가 개신교입니다. 기독교와 개신교는 엄밀히 구분하자면 다릅니다. 기독교는 예수님이 탄생한 이후부터 AD11세기 동서교회 대분열까지로 보며, 개신교는 로마 카톨릭이 AD16세기 마르틴 루터의 종교개혁 이후 시작된다고 보면 됩니다. 이슬람교는 AD610년경 무함마드가 알라신을 주장하며 시작된 종교로, 코란이라는 경전을 따릅니다. 이슬람교를 믿는 이슬람 민족은 아브라함의 아들 이스마엘의 후예들입니다. 지금 이 시간에도 이스라엘 민족과 이슬람 민족은 전쟁 가운데 생활하고 있습니다. 4,000년 전쟁의 사슬을 끊는 방법은 오직 하나님의 강권적인 역사밖에는 없습니다.

신약이야기

요한복음 5장 24절

내가 진실로 진실로 너희에게 이르노니 내 말을 듣고

또 나 보내신 이를 믿는 자는 영생을 얻었고

심판에 이르지 아니하나니 사망에서 생명으로 옮겼느니라

신약의 시작 - 마태복음

마태복음을 같이 보겠습니다. 다른 성경에 비해 내용이 깁니다. 왜냐면 예수님이 직접 얘기하시는 첫 성경이기 때문입니다. 1~3장까지 예수님의 족보, 예수님 탄생, 세례요한이 나옵니다. 4장에서 광야에서 마귀의 시험을 받으신 후 갈릴리에서 어부 베드로 시몬과 안드레, 세베대의 아들 야고보, 요한을 제자 삼으시고 가르침, 복음 전도, 병 고침 사역을 하십니다. 4장 20절과 4장22절을 주목해야 합니다. 20절에서 베드로 시몬과 안드레가 "곧 그물을 버려두고 예수를 따르니라", 22절에서 야고보와 요한이 "곧 배와 아버지를 버려두고 예수를 따르니라" 기록되어 있습니다. 그물, 배, 아버지는 매우 소중한 존재입니다. 그러한 것들을 곧장 버려두고 예수를 따른다는 것은 결코 쉬운 일이 아닙니다. 예수님의 제자가 된다는 것은 그 무엇보다 중요함을 얘기하고 있습니다. 우리 삶의 가장 우선순위가 되어야 함을 강조하고 있습니다. 마귀의 시험을 마친 후 제자 삼고, 가르치고, 복음전파하고, 병 고치는 사역을 예수님은 하십니다. **제가복병**이라고 암기하세요. 복병이라 함은 예상하지 못한 뜻밖의 경쟁상대를 말합니다. 우리는 간혹 "예선에서 뜻밖의 복병을 만나 탈락했어" 이런 말을 들을 때가 있습니다. 밖으로 드러내지는 않지만 힘과 실력을 겸비한 복병이 될 필요가 있습니다. **제가복병** 기억하세요. 5장은 산상수훈에서 팔복을 말씀하십니다. 성경 마태복음 5장에는 산상수훈이 있고 8가지 복에 대해서 언급합니다. 그래서 **오산팔복**이라고 기억하시기 바랍니다.

심령이 가난한 자 천국
애통하는 자 위로
온유한 자 땅 기업
의에 주리고 목마른 자 배부를 것임.

긍휼한 자 긍휼히 여김 받음.

마음이 정결한 자 하나님을 봄.

화평케 하는 자 하나님 아들

의를 위해 박해받는 자 천국

팔복은 의미상 문장으로 특별히 외울 필요가 없습니다. 심령이 가난한 자와 의를 위해 박해받는 자가 천국을 받는 것 외에는 전부 내용 그대로입니다. 온유한 자가 땅을 기업으로 받는 것은 당연합니다. 마11:29에 예수님이 자기 자신을 온유하다고 말씀하듯이 온유는 우리가 따라야 할 성품입니다. 가장 값진 것을 드려야겠죠. 땅이 그중에 하나일 겁니다. 온유는 국어사전에서 성격, 태도 따위가 온화하고 부드러움이라고 설명하고 있습니다. 제가 섬기고 있는 대덕교회 중등부에 학생부회장인 서온유라는 학생이 있습니다. 서온유를 들을 때마다 생각하는 것은 정말로 부모님들께서 이름을 잘 지으셨다. 주님이 그의 길을 형통하게 하시리라는 믿음과 확신이 듭니다. 땅까지 기업으로 받는다고 하니 감사할 따름입니다.

그리고 소금과 빛, 살인금지, 형제화목, 간음금지, 이혼금지, 맹세금지, 악한 자 대적금지, 원수 사랑을 가르치십니다. 6~7장에서는 금식, 구제, 기도를 외식하지 말라고 하시며, 주기도문을 가르쳐주시며, 염려하지 말라 하십니다. 비판하지 말라, 남을 대접하라, 좁은 문으로 들어가라, 거짓선지자 조심하라, 듣고 행하라 말씀하십니다. **5~7장을 '하라장 하지말아라장'으로 기억하십시오.** 8~9장은 병 고치시는 사역을 하십니다. 나병환자, 가버나움 백부장 하녀 중풍병, 12년 혈루증 여자 등의 이야기가 나옵니다. **팔구는 병 고침**이라고 외우시기 바랍니다. **10~12장은 12제자**가 나옵니다. 12제자는 의미상의 문장 없이 그냥 외웁시다.

세베데의 아들 야고보, 요한
형제 베드로 시몬, 안드레
바돌로메, 빌립, 도마, 마태, 가룟유다, 시몬
알페오의 아들 야고보, 다대오 (알페**오**이니까 다대**오**)

제자 중 동명이인이 있습니다. 세베데의 아들 야고보, 알페오의 아들 야고보입니다. 그리고 나중에 야고보서에 나오는 예수님의 남동생 야고보와 누가복음 6장 16절에 나오는 제자 유다의 아버지 야고보가 있습니다. 혼동 없이 구분할 수 있어야 합니다. 제자들에게 뱀같이 지혜롭고 비둘기같이 순결하라고 하십니다. 제자들에게 여러 가지를 당부하십니다. 특별히 10장은 예수님이 제자들에게 주신 말씀입니다. 이야기식으로 암송하면 됩니다. 예수님 말씀에 **제자를 택하시고 파송하시고 박해와 고난에 동참하고 십자가를 지고 영접하는 자가 상급을 받는다는 것이 줄거리입니다.** 13장은 7가지 천국 비유가 나옵니다. 여기서 천국은 공간이나 형태를 이야기하지 않고 특성을 이야기합니다.

그 밥(밭)값 누가 낼(네)겨

그물
밭에 감추인 보화
값진 진주
누룩
가라지
네 가지 땅에 떨어진 씨
겨자씨

절대로 안 까먹겠죠! 다들 밥을 먹었는데 밥값을 내질 않네요! 그래서 어느 충청도분이 그럽니다. **"그 밥값 누가 낼겨"** 천국에서는 서로 밥값을 내려고 경쟁하겠죠! 14장에서 세례요한이 어처구니없게 죽습니다. 또, 오병이어의 기적이 나오고 물 위를 걸으시는 예수님이 나옵니다. 15장에 페니키아, 가이사랴 빌립보, 데가볼리에서 전도합니다. 7개의 떡과 두 마리 물고기로 4천 명을 먹이십니다. **16장 16절에서 "주는 그리스도시요 살아계신 하나님의 아들이시니이다"** 베드로의 고백과 예수님의 축복이 이어집니다. 이후 16~20장은 예수님이 죽었다가 다시 살아나심을 예언하십니다. 20장은 포도나무 품꾼에 대한 천국비유 이야기가 나옵니다. 21~23장은 예루살렘 입성하시는 예수님과 유대 지도자들과 논쟁하십니다. 가장 큰 계명은 하나님 사랑, 이웃 사랑입니다. 24~25장은 종말 준비를 하라고 제자들을 가르칩니다. 특별히 24~25장을 예수님의 감람산 설교라고 합니다. 감람산설교를 암송하는 방법을 공부하겠습니다. **예~ 예~ 무** 김치는 **종종 열달 양념(염)**해야 한다고 암송하십시오. "감람산에는 무가 많이 재배된다"라고 외우시기 바랍니다. 실제는 아닙니다.

예루살렘의 멸망
예수님의 재림
무화과나무 비유
종말의 시기
충성되고 지혜로운 **종**의 비유
열 처녀 비유
달란트 비유
양과 **염**소 비유

누가 무김치를 몇 달 양념해야 하나요? 질문하므로 예~ 예~ 대답하며 무김치는 종종 열 달 정도 양념해야 제맛이 납니다. 그런 의미입니다. 실제로 열 달까지는 양념하지 않습니다. 암송하기 위한 문장입니다. 26장에서 예수님은 제자들과 유월절 음식을 드십니다. 가룟유다의 배신, 감람산, 겟세마네 기도, 대제사장 집으로 예수님을 데려갑니다. 십자가에 죽으시고 27장에 아리마데 요셉이 장사를 지냅니다. 28장에 부활하시고 갈릴리에서 제자를 만나십니다. 그리고 마지막으로 **마태복음 28:19 말씀에 "너희는 가서 모든 민족을 제자 삼아 아버지와 아들과 성령의 이름으로 세례를 베풀고"**가 나옵니다.

마태복음 4:4

사람이 떡으로만 살 것이 아니요 하나님의 입으로부터 나오는 모든 말씀으로 살 것이라

마태복음 6:33

그런즉 너희는 먼저 그의 나라와 그의 의를 구하라 그리하면 이 모든 것을 너희에게 더하시리라

마태복음 20:28

인자가 온 것은 섬김을 받으려 함이 아니라 도리어 섬기려 하고 자기 목숨을 많은 사람의 대속물로 주려 함이니라

마태복음 28:19

그러므로 너희는 가서 모든 민족을 제자로 삼아 아버지와 아들과 성령의 이름으로 세례를 베풀고

마가복음

마가복음을 같이 보겠습니다. 마가는 바나바의 생질, 조카, 베드로의 통역원, 제자로 알려져 있지요. 바나바는 성령이 충만하고 성품이 좋기로 소문나 있고, 베드로는 예수님의 제자이니 마가도 많은 영향력을 받았을 것입니다. 오순절 마가의 다락방이 120명이 들어가는 곳이니 부자라 추정됩니다. 사도행전 13장에서 바울과 바나바와 같이 전도 여행을 하고, 도중에 하차한 마가 요한이 바로 본 성경의 마가입니다. AD64년은 로마대화재로 이스라엘백성이 박해받던 시기입니다. 그런데 본 성경은 AD65~70년에 로마에 사는 이방인 그리스도인들에게 쓰인 편지로 알려져 있으므로 고난과 박해, 환난 날에 대비를 위해 쓰인 성경이라는 점을 알고 읽으면 이해가 빠를 것입니다. 4복음서 중 가장 먼저 기록되었고, 16장으로 가장 짧으며 마태복음과 90% 중복되는 내용을 갖고 있지만 쓰인 시기, 의도, 전개방식 등은 마태복음과 전혀 다릅니다. 병 고침 사역, 예수님의 능력, 사랑의 행동을 강조합니다. 그럼 장별로 내용을 알아보겠습니다.

1장은 세례요한, 광야시험, 갈릴리 어부출신 4명 제자 삼음, 가버나움 회당의 귀신 들린 자 고침, 베드로 시몬의 장모열병을 고침, 나병환자 고침. 2장은 가버나움 중풍병자 고침. 3장은 인자가 안식일의 주인, 한쪽 손 마른 사람 고침, 3:11에 귀신도 예수님을 보고 하나님의 아들이라 말함, 12제자, 하나님의 뜻대로 행하는 자가 형제, 자매, 어머니라 말씀하심. 4장은 천국 비유와 바다를 잠잠케 하시는 예수님. 5장은 거라사인지방 귀신 들린 자, 회당장 야이로의 딸_달리다굼 "소녀야 얼어나라", 12년 혈루증. 6장은 세례요한의 죽음, 오병이어, 바다를 걸으심. 7장은 게네사렛지역에서 손 씻지 않고 음식 먹기에 바리세인들 시비, 하나님의 계명이 사람의 전통보다 더 중요하다고 말하심, 두로의 수로보니게 딸 귀신 들림. 8장은 7병이어, 뱃새다 맹인고침, 빌립보 가이사랴 사역, 막8:34 **"예수를 따르려거든 자기를 부인하고 자기 십자가를 지라"** 유명한 말씀하심. 9장은 변화산사건, 가버나움 누가 더 크냐, 아이 영접이 중요함. 10장에 실족케 하지 마라, 소금이 되라, 여리고 맹인 바디매오 고침. 마태복음 20장 20절에서 28절까지는 마가복음 10장 35절에서 45절까지와 같은 내용입니다. 차이가 있다면 마태복음은 세베대의 아들의 어머니가 예수님께 구하고, 마가복음은 세베대의 아들 야고보와 요한이 예수님께 직접 구하는 장면이 나옵니다. 예수님의 영광 좌우편에 앉게 해달라고 하므로 예수님이 너희 중에 누구든지 으뜸이 되고자 하는 자는 모든 사람의 종이 되어야 한다고 말씀하십니다. 옛날이나 지금이나 인사청탁이 있군요. 11장은 베다니 도착한 예수님. 12장은 포도원 농부사건, 하나님사랑/이웃사랑. 13장은 무화과나무 비유. 14장은 최후의 만찬. 15장은 예수 십자가, 가상칠언. 16장은 "온 천하에 다니며, 만민에게 복음을 전파하라"입니다. 가상칠언을 외우는 방법을 나누겠습니다.

아내여 얼른 내다아 보시오!

1. **아**버지여 저들을 사하여 주옵소서. 자기들이 하는 것을 알지 못하나이다.
2. **내**가 진실로 네게 이르노니, 오늘 네가 나와 함께 낙원에 있으리라
3. **여**자여 보소서. 아들이니이다.
4. **엘리(얼른)**엘리 라마 사박다니
5. **내**가 목마르다
6. **다** 이루었다.
7. **아**버지여 내 영혼을 아버지 손에 부탁하나이다.

특별히 암기할 내용은 없고 가상칠언은 꼭 암기하세요. 십자가에 달리신

예수님의 마음을 우리는 같이 느껴야 합니다. 우리의 죄를 위해 돌아가신 예수님의 처절한 순종과 고통이 우리 삶 속으로 들어와야 합니다.

마가복음 2:17

예수께서 들으시고 그들에게 이르시되 건강한 자에게는 의사가 쓸 데 없고 병든 자에게라야 쓸 데 있느니라 나는 의인을 부르러 온 것이 아니요 죄인을 부르러 왔노라 하시니라

마가복음 10:45

인자가 온 것은 섬김을 받으려 함이 아니라 도리어 섬기려 하고 자기 목숨을 많은 사람의 대속물로 주려 함이니라

누가복음

누가복음을 같이 나누도록 하겠습니다. 누가는 의사이며 바울과 평생 동안 전도한 이방인입니다. 1장에는 제사장 사가랴와 부인 엘리사벳이 요한을 잉태하고 나사렛에서는 마리아가 예수님을 잉태합니다. 마리아와 엘리사벳은 친족입니다. 예수님이 베들레헴에서 태어나십니다. 예루살렘성전에 갔을 때 신실한 시므온과 안나가 예수님을 축복합니다. 3장은 세례요한이 예수님께 세례를 베풉니다. 4장은 예수님이 광야에서 마귀의 시험을 물리치십니다. 가버나움 회당에 귀신 들린 자를 고치시는 능력을 보이십니다. 시몬 장모의 열병을 고치십니다. 5장에 게네사렛 호숫가의 시몬과 안드레, 세베대의 아들 야고보와 요한은 예수님의 제자가 됩니다. 나병환자를 고치시고 중풍병자를 고치십니다. 레위 세리 집에서 먹고 마십니다. 6장은 12제자를 세우시고 원수를 사랑하라, 비판하지 말라고 말합니다. 7장에 가버나움에서 예수님은 백부장의 종이 죽게 되었는데 살리십니다. 나인성 과부의 아들을 살리십니다. 바리새인의 집에 머물 때 한 여자가 예수님께 옥합의 향유를 부으십니다. 8장은 갈릴리호수를 잠잠하게 하시고 거라사인 군대의 귀신 들린 자를 고치시고 12년 혈루증환자를 고치시고 회당장 야이로의 딸을 고치십니다. 9장은 벳새다 고을로 가시고 오병이어 기적을 이루시고 변화산 사건이 있고 예루살렘에 갈 준비를 하시며 손에 쟁기를 잡고 뒤를 보는 자는 하나님나라에 합당하지 않다고 말하십니다. 10장은 70인의 전도자를 세우시고 강도 만난 사람을 지나가는 제사장, 레위인, 사마리아인을 통해 진정한 우리의 이웃을 얘기하시고 마르다와 마리아 이야기로 마칩니다. 11장은 올바른 기도, 즉 주기도문을 말씀하시고 유대인들이 하늘로부터 표적을 구할 때 요나의 표적을 얘기하시며 예수님이 죽으시고 3일 만에 부활하심을 예표하십니다. 12장은 예수님의 재림과 하나님의 심판을 얘기하십니다. 13장은 구원과 하나님나라를 좁은 문, 나중 된 자 먼저 된다, 바리새인들의 외식을 책망하십니다. 14장은 제자도의 교훈, 15장은 탕자의 비유, 16장 청지기와 부자 나사로, 17장 용서와 감사의 교훈, 18장 기도와 영생에 대한 교훈, 19장 삭개오 비유, 예루살렘 입성, 20장 권위에 대한 논쟁, 21장은 과부의 헌금, 심판과 재림, 깨어 기도하라고 말씀하십니다. 22장은 최후만찬, 감람산 기도, 베드로부인, 23장은 십자가 죽음, 24장은 3일 만에 부활 및 승천을 이야기합니다. 누가복음은 여인들에게 관심이 많습니다. 이 당시 여인은 사회약자이므로 소외받는 이들에게 관심이 많다고 볼 수 있습니다. 13명의 여인들이 나옵니다. 4:26 사렙다 과부, 7:11 나인성 과부, 10:38~39 마르다와 마리아, 23:27 예루살렘의 우는 여인 등입니다. 그리고 예수님은 많은 기도를 하십니다. 성령에도 관심이 많습니다. 3:21, 4:1, 4:14 각 말씀에서 보듯이 중요한 순간순간 성령의 인도함을 받습니다. 누가는 사도행전도 기록했으며 헬라인들을 대상으로 쓰였기에 인자의 복음으로도 알려져 있습니다. 누가복음은 외운다기보다는 이런 내용이 있구나 하며 이해하는 것이 좋습니다. 왜냐면 상당 부분이 마태복음과 중복되기 때문입니다. 누가복음을 통해 예수님은 사회적으로 소외되고 약한 자들에게 관심이 많으시고 항상 기도하시며 성령님의 인도함을 받으시며 외식을 싫어하시며 사랑이 넘치는 분이심을 알 수 있습니다.

누가복음 9:24

누구든지 제 목숨을 구원하고자 하면 잃을 것이요 누구든지 나를 위하여 제 목숨을 잃으면 구원하리라

누가복음 비유

누가복음의 비유들을 정리해보겠습니다. **5장부터 21장까지 대부분이 가르침 사역이라 비유가 많습니다.** 9장만 비유가 없다고 생각하시고 저를 따라와 보세요. 이 책에서 본인이 만든 문장 중 가장 긴 문장입니다. 의미도 없습니다. 그래도 불가능이란 없습니다.

새새 맹 장두 / 네세 추선 밤더 / 어깨선이 열겨누 높망전 / 잃잃탕 / 불부 일과바 열 불 싹

의미가 없는 앞글자로 구성된 문장입니다. 그러나 계속 읽으면 문장이 저절로 외워집니다. 띄어쓰기는 장이 바뀜을 구분하기 위함입니다. 사선은 거기서 끊어 읽으라는 뜻입니다. 그래야 리듬을 타며 암기가 수월해집니다. 그리고 일단 누가복음 비유에 대해서 전도, 설교, 이야기, 성경공부 등을 하실 때 무조건 **'새새 맹 장두'**를 머리에 떠올리셔야 합니다.

5장에는 새 옷 낡은 옷, 유대교전통과 새로운 천국복음이 양립할 수 없습니다. 새 술은 새 부대에도 유사한 내용입니다. 새것에 대한 내용은 누가복음 5장이라고 기억하면 좋겠습니다.

6장에는 맹인이 맹인을 인도할 수 없음은 바리새인을 두고 한 말입니다.

7장은 장터의 아이들은 하나님 말씀에 민감하라, 두 빚진 자는 중한 죄를 용서하시는 하나님의 사랑을 말합니다.

8장은 네 가지 땅에 떨어진 씨 비유로 순종을 말하며 또한 세상의 빛을 말합니다.

10장은 추수할 일꾼, 선한 사마리아인입니다. 강도 만난 사람의 진정한 이웃은 누굴까요? 바리새인도, 레위인도 아닙니다. 진정한 도움을 준 사마리아인입니다. **선한 사마리아는 누가복음의 10장이라고 기억하세요. 기준점 역할을 합니다.**

11장은 밤중 찾아온 벗인데 기도와 간구로 하나님의 응답을 의미하고 더러운 귀신은 더 악해짐을 말하고 있습니다.

12장부터는 의미상 문장이 하나 있으니 기억하기 좋을 듯싶습니다. 어깨선이~~.

12장은 어리석은 부자, 깨어 있는 종, 선한 청지기와 악한 종, 이웃과 화해를 의미합니다.

13장은 열매 없는 무화과는 열매 없으면 심판, 겨자씨와 누룩은 천국 비유를 말합니다.

14장은 높은 자리는 겸손을, 망대 건축은 주의 일은 계획적으로, 전쟁하는 왕은 성도는 영적전쟁터에 있기에 항상 영적상태를 점검하라는 의미입니다.

15장은 잃은 양, 잃은 드라크마, 탕자 비유로 모든 이를 죄로 구원하고자 하시는 하나님의 사랑을 느낄 수 있습니다.

불부 일 과바 열 불 싹은 외우기 어렵지만 불가능이란 없습니다. 앞의 불은 청지기, 뒤의 불은 농부를 의미합니다. 불의한 청지기와 농부를 말합니다. 싹튼 무화과는 비유의 마지막 장이니 21장입니다. 기준점과 특징을 알고 있으면 의미상 문장이 아니더라도 암기할 수 있습니다.

16장은 불의한 청지기는 죄인도 지혜롭게 일하는데 믿는 자들이 하나님을 위해 최선을 다해야 함을 말하고, 부자와 나사로는 올바른 물질관을 말합니다. 17장의 일하는 종은 마땅히 해야 할 바를 말하고 있습니다. 18장은 과부와 재판관의 끈질긴 기도는 하나님의 응답, 바리새인과 세리의 기도는 바리새인의 회개와 겸손이 필요함을 말합니다. 19장은 열 므나이며 동일한 구원의 기회에 열매가 없으면 심판받음을, 20장 불의한 농부는 복음을 거부함으로 심판에 이르고, 21장 싹튼 무화과는 말세 분별력을 말하고 있습니다.

고진감래라는 말이 있죠. 노력 없는 대가는 없습니다. 부단한 노력으로 하나님의 말씀이 내 것이 됩니다. 32개의 주님의 비유 말씀을 모두 외웠습니다. 얼마나 주님이 기뻐하실까요! 예수님이 직접 하신 말씀을 통째로 암송하고 삶에 적용하고 전도에 힘쓸 때 하나님께서 너의 마음 밭이 옥토와 같구나. 내가 너로 많은 열매가 맺도록 해 주겠다 말씀하십니다. 가슴이 뜨거워오지 않습니까!

누가복음 비유 정리

누가복음 장절 포함한 비유 정리합니다.

5:36 새 옷 낡은 옷
5:37-39 새 포도주 새 부대
6:39 맹인이 맹인을 인도
7:32 장터의 아이들
7:41-43 두 빚진 자
8:5-8 네 가지 땅에 떨어진 씨
8:16, 11:33 세상의 빛
10:2 추수할 일꾼
10:30-37 선한 사마리아
11:5-8 밤중 찾아온 벗
11:24-26 더러운 귀신

12:16-21 어리석은 부자

12:35-40 깨어 있는 종

12:42-48 선한 청지기, 악한 종

12:58 이웃과 화해

13:6-9 열매 맺지 못하는 무화과

13:18-19 겨자씨

13:20-21 누룩

14:7-14 높은 자리

14:28-30 망대 건축

14:31 전쟁 중인 왕

15:4-6 잃은 양

15:8-10 잃어버린 드라크마

15:11-32 두 아들 탕자의 비유

16:1-9 불의한 청지기

16:19-25 부자와 나사로

17:7-10 일하는 종

18:2-5 과부와 재판관

18:10-14 바리새인과 세리기도

19:12-27 열 므나

20:9-16 불의한 농부

21:29-32 싹 튼 무화과

정리하였습니다. 새것이라는 내용이 나오면 5장, 9장은 비유가 없으며, 선한사마리아는 10장입니다. 12장부터는 **어깨선**이라는 의미상 구문이 있고, 16장은 불의한 청지기, 20장은 불의한 농부를 기억한다면 32개의 비유를 모두 암기할 수 있습니다. 14장 **높망전**도 암기할 때 번뜩 생각이 나지 않습니다. **열겨누**에서 겨자씨와 누룩은 천국 비유이니 천국은 높다. 그러므로 **높망전**을 생각하세요. 의미적으로 끊임없이 연결하는 것이 암기의 방법입니다. **높망전**의 전은 전쟁을 말함으로 잃어버린다 생각하시면 **잃잃탕**을 생각하고 16장 불의한 청지기를 꼭 기억하세요. 다시 한번 더 암기하겠습니다.

새새 맹 장두 / 네세 추선 밤더 / 어깨선이 열겨누 높망전 / 잃잃탕 / 불부 일과바 열 불 싹

요한복음

요한복음을 같이 공부해 봅시다. 12제자 중 한 명인 요한이 기록한 복음서입니다. 야고보가 순교한 해는 AD44, 죽을 사자가 두 개일 때 야고보가 순교합니다. 이 사건 이후 제자들이 흩어져 전도하는 기점이 됩니다. 바울이 회심한 해는 AD34년입니다. 요한복음은 1장에서 성육신, 세례에 대해, 2장부터 12장까지는 가르치고 구제하시고 병 고치시는 예수님의 공생애, 13~19장 죽음, 20~21장은 부활을 얘기하고 있습니다. 앞 장에서 몇 가지 중요한 사건이 있습니다. 암기방법을 생각해 보겠습니다.

갈릴리에서 나타난 애인데 물과 포도주로 예루살렘 성전을 청결하게 한 애가 니꼬? 수가성 우물도 청소하던데? 왕의 신하의 아들이라고 하던데! 나사렛에서 배척당하고 가버나움으로 갔다는 소문이 있어!

요한복음 초반에는 나다나엘이 주님을 영접하는 사건, 가나혼인잔치에서 물을 포도주로 만드는 사건, 예수님이 성전에 들어가 타락한 장사꾼들과 내부를 청소(정화)하는 사건, 바리새인 니고데모가 예수님께 거듭남의 비밀을 듣는 사건, 사마리아 수가성 우물가의 과부가 예수님을 영접하는 사건을 봅니다. 그 밖의 가나에서 왕의 신하의 아들을 고치십니다. 나사렛에서는 배척당하시고, 가버나움에서는 전파하고, 가르치시고, 병을 고치시고, 제자들을 부르십니다. 의미상 문장을 외우니 요한복음 초반부에 사건을 까먹지 않겠죠!

공생애 때에 7가지 기적을 예수님이 베푸십니다. 기적이 많지만 요한복음은 7가지만 말합니다. 암기방법은 다음과 같습니다.

포도주왕에게 **삼무,** 즉 세 가지가 없는데 그것은 **물, 날, 나**입니다.

물을 **포도주**로 만든 사건
왕의 신하 아들의 병을 고쳐준 사건
삼십팔 년 병자를 고쳐준 사건
무리를 먹이신 사건, 오병이어
물 위를 걸으신 사건
날 때부터 맹자를 눈 뜨게 한 사건
나사로를 살리신 사건

그 밖에 예수님이 자기 자신을 지칭한 표현들이 있습니다. 선한목자, 생명, 생명의 떡, 길, 진리, 양의 문, 세상의 빛, 부활, 참포도나무 등입니다. 외우기보다 마음으로 알고 있으면 됩니다.

요한복음 21장에 갈릴리 호수에서 고기 잡는 베드로에게 나타난 사건은 베드로가 주님께 충성하는 계기가 되었습니다. 예수님이 알려준 곳에 그물을 던져 153마리 고기를 잡은 사건은 유명합니다.

요한복음 1:12
영접하는 자 곧 그 이름을 믿는 자들에게는 하나님의 자녀가 되는 권세를 주셨으니

요한복음 3:16
하나님이 세상을 이처럼 사랑하사 독생자를 주셨나니 이는 그를 믿는 자마다 멸망하지 않고 영생을 얻게 하려 하심이라

요한복음 5:24	
내가 진실로 진실로 너희에게 이르노니 내 말을 듣고 또 나 보내신 이를 믿는 자는 영생을 얻었고 심판에 이르지 아니하나니 사망에서 생명으로 옮겼느니라	

요한복음 14:6	하나님의 속성 - 진리
예수께서 이르시되 내가 곧 길이요 진리요 생명이니 나로 말미암지 않고는 아버지께로 올 자가 없느니라	

4복음서 요약

성경	기록 시기	저자	주요내용(뼈대)	암송방법
마태복음	AD70년 이전	마태	• 탄생과 어린 시절(마1~2장) • 세례와 시험(마3~4장12절) • 공생애 사역 (마4장13절~20장34절) • 마지막 7일(마21~25장) • 십자가죽음(마26~27장) • 부활과 지상명령(마28장)	• 오산팔복 - 마5장 산상수훈 • 그 밥값 누가 낼겨 - 마13장 천국비유
마가복음	AD67~70년	마가	• 세례(막1장1절~13절) • 갈릴리사역 (막1장14절~6장29절) • 북방사역 (막6장30절~9장50절) • 베뢰아사역(막10장) • 예루살렘 입성(막11~13장) • 수난과죽음(막14~15장) • 부활과 지상명령(막16장)	• 아내여 얼른 내다아 보시오 - 막15장 가상칠언

성경	기록 시기	저자	주요내용(뼈대)	암송방법
누가복음	AD63년 근방	누가	• 탄생에서 세례까지 (눅1장1절~4장13절) • 공생애 전반부 (눅4장14절~6장11절) • 공생애 후반부 (눅6장12절~9장50절) • 예루살렘으로 가심 (눅9장28절~21장38절) • 십자가죽음(눅22~23장) • 부활승천(눅24장)	• 새새 맹 장두 / 네세 추선 밤더 / 어깨선 이 열겨누 높망전 / 잃잃탕 / 불부 일 과 바 열 불 싹 - 눅5~21장, 예수님 가르침 사역
요한복음	AD80~90년경	요한	• 성육신과 세례 (요1장1절~1장34절) • 예수님 사역 (요1장35절~12장50절) • 다락방 강화 (요13장1절~16장33절) • 체포에서 십자가까지 (요17장1절~19장42절) • 부활과 이후 행적 (요20~21장)	• 포도주왕에게 삼무, 즉 세 가지가 없는데 그것은 물, 날, 나입니다 - 예수님 7가지 기적

유월절을 통해 본 예수님의 공생애 삼 년 반

유월절은 예수님의 사역 전반에 걸쳐 매우 중요한 기준이 되는 절기입니다. 모든 예수님의 사역들이 유월절을 중심으로 전개되기 때문입니다. 예수님은 공생애 3년 반 동안 4번의 유월절을 보내셨습니다. 예수님의 공생애를 유월절을 중심으로 잘 기록한 복음서가 요한복음입니다. 부활 이후의 예수님의 행적에 대해서도 잘 기록하고 있기에 요한복음을 중심으로 예수님의 공생애 3년 반을 이야기해 보고자 합니다. 물론 요한복음에서만 예수님의 행적을 참고하지는 않습니다. 예수님의 공생애 전 생애는 마태, 마가, 누가복음에도 자세히 설명하고 있습니다. 아기예수의 정결예식은 누가복음에 기록되어 있습니다. 부활 이후 예수님의 지상명령인 모든 민족을 제자 삼으라는 말씀은 마태복음에서만 있습니다. 온 천하에 다니며 만민에게 복음을 전파하라는 말씀은 마가복음 16장15절에서만 나옵니다. 예수님의 공생애 3년 반은 고은주 목사님의 《Step-by-Step 성경여행: 신약》을 많이 인용하였습니다. 여러 성경통독책이 있지만 상기 책이 제 개인적인 의견으로는 가장 잘 요약이 되어 있다고 생각합니다. 4복음서의 내용이 시대 순으로 정리되어 있지 않고 여기 저기 흩어져 있어 일반 성도님들이 시대 순으로 정리하는 것이 매우 어렵습니다. 더 자세한 내용은 상기 책을 구입하셔서 공부를 하시면 더 좋습니다. 지면을 빌려 고은주 목사님에게 진심어린 감사의 인사를 드립니다. 공생애 동안의 이스라엘의 지도를 다음 페이지에 나타내었습니다. 예수님의 방문 장소 중 일부 지역은 특별한 사건이 없거나 성경에서 어떠한 정보도 주지 않는 경우가 있어 생략되었음을 참고하시기 바랍니다.

***예수님 공생애 기간 이스라엘**

공생애 전부터 먼저 이야기를 시작하고자 합니다. 예수님의 모친 마리아는 갈릴리호수 남서쪽에 위치한 ①**나사렛**에서 로마황제 아구스도의 호적명령에 따라 예수님을 잉태한 상태에서 남편 요셉과 함께 사해 북서쪽이며, 예루살렘 밑에 위치한 ②**베들레헴**으로 이동합니다. 베들레헴의 어느 말구유에서 예수님이 태어나고 정결예식을 위해 ③**예루살렘**으로 갑니다. 의롭고 경건한 시므온과 주야로 금식하며 기도하는 안나가 예수님을 맞이합니다. 동방박사가 ④**베들레헴**에 경배하러 오고 이때에 헤롯대왕이 남자아기를 다 죽이라 명하자 예수님 가족은 ⑤**애굽**으로 피신합니다. 분봉왕 헤롯 아켈라오의 포악함을 듣고 예수님은 베들레헴으로 가지 않고 헤롯 안티파스가 지배하는 갈릴리지방 고향 ⑥**나사렛**으로 갑니다. 12살이 되던 해 유월절에 예수님은 ⑦**예루살렘**을 방문합니다. 공생애의 시작 전까지 예수님은 ⑧**나사렛**에서 줄 곧 젊은 시절을 보냅니다. **예수님의 공생애 전의 행적입니다.**

예수님이 공생애를 시작하면서 ①**나사렛**에서 ②**요단강**가로 가서 세례요한에게 세례를 받습니다. ③**유대 광야**에서 40일을 금식한 후 마귀의 시험을 받습니다. 다시 ④**요단강**으로 가서 5명의 제자를 부르십니다. 시몬 베드로와 안드레, 요한, 빌립, 나다나엘입니다. 요한복음에서는 요단강에서 예수님이 제자들을 부르시는 것처럼 보입니다. 빌립과 나다나엘까지 언급됩니다. 그러나 마태복음과 마가복음을 보면 시몬 베드로와 안드레, 세베데의 아들 야고보와 요한을 갈릴리 해변에서 처음 만나는 것처럼 보입니다. 제자들이 요단강에서 세례를 받고 세례 요한을 통해 예수님을 알게 된 이후 갈릴리 해변가에서 완전히 예수님을 따른 것으로 이해가 됩니다. 요한복음 1장43절에 예수님이 갈릴리로 나가려 하시다가라는 말씀이 나옵니다. 빌립은 시몬 베드로와 안드레의 벳새다 한 동네 사람으로 나옵니다. 일단 본인 책에서는 고은주 목사님의 책에 근거하여 요한복음에서 언급하는 내용을 우선하겠습니다. 나다나엘은 12사도 중 한 명인 갈릴리 가나 출신인 바돌로매와 동일인으로 추정됩니다. 지중해와 갈릴리 호수 사이에 위치하지만 지중해에 가깝게 위치한 ⑤**가나**의 혼인 잔치에 참여하시어 물을 포도주로 바꾸시는 기적을 베푸십니다. 예수님 공생애의 첫 번째 기적입니다. 그리고 마지막으로 갈릴리호수가 북서쪽에 위치한 ⑥**가버나움**으로 가십니다. 가버나움은 예수님의 공생애 사역의 중심지가 되는 중요한 곳입니다. **공생애 기간 중 처음 6개월의 행적입니다. 암송방법은 나요/유요/가가**입니다. 나요?, 유(당신)요?, 아니면 우리가 흔히 사투리로 쓰는 말로 가가? 그 사람이야? 란 뜻으로 제3의 인물을 뜻합니다. 공생애 시작은 누가 하나요? 나인가요? 아니면 당신인가요? 아니면 제3의 인물인 가가인가요? 바로 예수님입니다. 공생애 시작을 암기하는 방법입니다. 여기서 **가가**는 가나와 가버나움이라는 사실을 꼭 기억해야 합니다.

첫 유월절부터 예수님의 공생애 사역이 본격적으로 시작됩니다. 예수님은 ①**예루살렘**으로 가서 성전청결을 직접 하시고 산헤드린 공회원이며 유대지도자인 니고데모를 만나 거듭남의 비밀을 말씀하십니다. 요단강 중앙 서쪽에 위치한 ②**수가성** 사마리아 과부를 만나시고 ③**가나** 왕의 신하 아들의 병을 고치십니다. ④**나사렛**으로 가지만 배척당하시고 ⑤**가버나움**으로 가셔서 전파하시고, 가르치시고, 고치시고 제자들을 부르십니다. 귀신들린 자, 베드로 장모의 열병, 나병환자, 중풍병자들을 고치십니다. 어부 베드로와 세리 마태를 부르십니다. 예수님이 베드로에게 사람을 낚는 어부가 되게 하리라고 말씀하십니다. 바리새인들과 서기관들이 예수님이 세리 마태와 같이 있는 것을 보고 비방하자, 건강한 자에게는 의사가 쓸데없고 병든 자에게라야 쓸데 있나니~ 등의 말씀을 하십니다. **암송방법은 예수가/나가**입니다. 예수님이 직접 나가서 사역을 시작한다는 뜻입니다. 그래서 **예수가/나가**입니다. 어디로? 어렵고 힘든 세상으로 하나님의 구원을 이루기 위해 나가십니다. **예수가/나가**를 꼭 기억하십시오. 예수님의 공생애의 주인공은 예수님입니다. 따라서 예수님이 나가는 게 당연합니다. 예수님이 나가야 사역이 시작됩니다. 예수님의 공생애 시작 때나 첫 유월절 공생애 때나 모두 **가가**는 가나와 가버나움을 의미합니다.

두 번째 유월절에 예수님의 사역에서 중요한 핵심은 가버나움과 12라는 숫자입니다. 예수님은 ①**예루살렘** 근처 베데스다 연못가에서 38년 된 병자를 안식일에 고치십니다. 갑자기 먼 거리에 있는 ②**가버나움**으로 가서 안식일 논쟁과 12명의 제자를 확정합니다. 12라는 숫자가 처음 언급되었습니다. ③**팔복산**에서 산상수훈인 16가지 교훈을 말씀하십니다. 팔복, 소금과 빛, 예수님과 율법, 주기도문, 좁은 문 등입니다. 다시 ④**가버나움**으로 와서 백부장의 종을 고치십니다. 요단강 서쪽에 위치하며 수가성보다는 북쪽에 있는 ⑤**나인성**에서 과부의 아들을 살리십니다. 갈릴리 남서쪽에 위치한 ⑥**막달라** 마리아와 여인들이 예수님을 섬기고 ⑦**갈릴리 호수**를 잔잔하게 하시고 ⑧**거라사**에서 군대귀신 들린 자를 만나서 고치십니다. 잠깐! 추가 언급을 합니다. 마가복음 등에서는 군대귀신 관련지역을 거라사라고 표기되어 있으나 마태복음은 가다라 지방이라고 나옵니다. 이름이 다른 것은 신학적인 전승의 해석의 차이라고 신학자들이 얘기하고 있습니다. 전승이라는 말은 어려운 신학적인 용어인 것 같습니다. 암송하는 것과는 별개의 문제이므로 생략합니다. 거라사와 가다라는 갈릴리 해변 주변의 지역이긴 하지만 같은 장소는 아니라고 합니다. 거라사가 가다라보다 상대적으로 갈릴리 해변에서 더 멀리 떨어져 있습니다. ⑨**가버나움**으로 가서 회당장 야이로의 12살 딸을 살리시고, 12년 혈루증 여인의 병을 고치십니다. 여기서 12라는 숫자가 두 번 더 언급됩니다. 악한 세대가 표적을 구한다 말씀하시고, 다섯 가지 비유로 천국을 말씀하십니다. 공생애 6개월, 첫 유월절, 두 번째 유월절, 세 번째 유월절 모두 예수님의 마지막 종착역은 가버나움입니다. 두 번째 유월절에는 숫자가 많이 나옵니다. 38, 12, 8, 16이라는 숫자가 나옵니다. 특별히 12라는 숫자는 세 번 나옵니다. 암송방법은 이야기식입니다. 예수님이 옮기신 장소에 따라 사역이 이루어집니다. 이야기식으로 암송이 어렵다면 **예가팔가/나막/갈거가**로 기억하십시오. 의미가 없는 앞글자만 나열한 문장입니다. **예가팔가/나막/갈거가** 반복해서 외우십시오. 두 번째 유월절에서 **가**는 전부 가버나움을 의미합니다. 가로 시작하는 지명에는 가이사랴 빌립보도 있고 가나도 있기 때문에 두 번째 유월절에는 무조건 **가**는 가버나움을 말한다고 암기하시면 혼동이 없을 것입니다. 두 번째 유월절에 나오는 **가**는 모두 가버나움을 말한다는 내용을 꼭 기억하시기 바랍니다. 두 번째 가버나움, 두 번째 가버나움!!

세 번째 유월절에는 예수님이 예루살렘으로 가시지 않고 갈릴리 호수 북동쪽에 위치한 ①**뱃새다 광야**로 가셔서 오병이어의 기적을 행하십니다. 잠깐 추가 언급을 합니다. 오병이어 기적은 마태복음, 마가복음, 누가복음, 요한복음 모두 언급을 하고 있습니다. 보리떡 다섯 개와 물고기 두 마리로 오천 명을 먹이시는 기적을 보이십니다. 유월절에 예루살렘으로 가시지 않고 뱃새다 광야로 가신 것도 특이하지만 오천 명을 먹이시는 기적은 예수님의 사역의 큰 족적을 남기시는 일입니다. 물론 하나님의 영광을 위해서입니다. ②**갈릴리 호수**를 걸으시고 맞은편 ③**게네사렛**으로 가셔서 병자들을 고치십니다. ④**가버나움**으로 가셔서 생명의 떡이 예수님 자신임을 말씀하시고 ⑤**두로**의 수로보니게 여인의 절규를 통해 귀신들린 딸을 고치시고, 갑자기 먼 거리에 있는 갈릴리 호수 남동쪽에 위치한 ⑥**데가볼리**에서 에바다와 칠병이어의 기적을 베푸십니다. 갈릴리 호수 남서쪽에 위치한 ⑦**마가단**에서 누룩을 조심하라고 말씀하십니다. 헤르몬산과 갈릴리 호수 중간에 위치한 ⑧**가이사랴 빌립보**에서 베드로의 신앙고백이 있고, ⑨**헤르몬산**에서 예수님의 모습이 변하시고 산에서 내려오실 때 귀신들린 아이를 고치십니다. 마시막에 ⑩**가버나움**에서 제자들을 교육시키십니다. 천국에서 큰 사람, 형제용서, 이혼, 부자청년, 포도원 품꾼 비유를 말씀하십니다. 지도의 지명을 따라서 이야기식으로 암송하시기 바랍니다. 세 번째 유월절에는 첫 번째 사역 장소인 벳새다를 꼭 기억해야 합니다. 예루살렘 아래에 위치한 베다니와 구별해서 외워야 합니다. 또한 오병이어와 칠병이어의 기적도 기억해야 합니다. 이야기식으로 암송하기가 어렵다면 **벳갈게/가두데/마가헤가**로 암송하세요.

예수님은 **네 번째 유월절** 때는 6개월 전에 일찍 ①**예루살렘**에 도착하여 초막절을 지내고 예루살렘 아래에 위치한 ②**베다니**에서 마르다와 마리아가 예수님을 초청하여 대접하고, 다시 ③**예루살렘**으로 가서 수전절을 보내십니다. ④**베레아**에서 지내시다가 다시 ⑤**베다니**에 오셔서 나사로를 살리십니다. 갑자기 예루살렘 북쪽에 위치한 ⑥**에브라임**으로 가셨다가 다시 ⑦**베레아**에서 3개월을 사역하시고 사해 북쪽에 위치한 ⑧**여리고로 가는 도중**에 10명의 나병환자를 고치시고 바리새인과 세리의 기도를 언급하시고 ⑨**여리고**에서 맹인거지 바디메오의 눈을 고치시고 삭개오를 구원합니다. 여리고라는 지명이 나오면 무조건 바디메오와 삭개오를 생각해야 합니다. 바디메오와 삭개오는 모두 마음이 여립니다. 그래서 여리고입니다. 실제 여린 게 아닙니다. 외우기 위한 방법입니다. ⑩**베다니**에서 마리아가 향유를 예수님의 발에 붓습니다. 가룟유다가 가난한 자를 도울 수 있는데 낭비한다고 비난합니다. 네 번째 유월절에는 베다니를 기억해야 합니다. 3번이나 반복해서 언급되고 있습니다. 절기도 중요합니다. 초막절과 수전절이 나옵니다. 처음 베다니와 나중 베다니는 마리아를 기억해야 합니다. 암송방법은 **예베예베/베에베/여베**입니다. 유월절 기준으로 앞 글자를 이용하여 예수님의 행적에 대한 암송문장을 만들었으나, 글자의 순서가 중요하다 보니 의미가 들어 있는 문장을 만들 수는 없었습니다. 지명을 기억하면서 예수님의 행적을 이야기식으로만 기억할 수는 있는데, 만약 기억치 못할 것을 대비하여 앞 글자를 이용한 문장을 암송해주시기 바랍니다. 의미가 없는 문장이지만 이야기식으로 성경내용을 암기할 수 없을 때 보조수단이 될 수 있기 때문에 유용하게 사용할 수 있습니다.

예수님의 **마지막 일주일 사역**을 살펴보겠습니다. 일요일 예수님은 나귀를 타고 ①**예루살렘**에 입성합니다. 월요일은 두 번째 ②**예루살렘** 성전정화를 하시고 성 밖 ③**베다니**에서 거하십니다. 화요일은 ④**예루살렘을 가는 도중** 무화과나무를 저주합니다. ⑤**예루살렘**에서 성전강론과 예루살렘 오른쪽에 위치한 ⑥**감람산**에서 감람산강론을 하십니다. 성전에서 포도원의 두 아들, 포도원의 농부 비유, 혼인잔치를 통한 천국 비유, 가이사에게 바치는 세금, 부활 논쟁, 가장 큰 계명, 외식하는 바리새인을 꾸짖음, 성전이 무너짐을 예언, 가난한 과부의 헌금을 말씀하십니다. 감람산 강론은 마태복음에서 이미 언급했습니다. **예예 무 김치는 종종 열달 양념(염)해야 한다**라고 암송하였습니다. 예루살렘의 멸망, 예수님의 재림, 무화과나무 비유, 종말의 시기, 충성된 종의 비유, 열 처녀 비유, 달란트 비유, 양과 염소의 비유입니다. 침묵의 수요일을 지나 목요일은 가룟유다의 배반, 최후의 만찬, 세족식, 서로 사랑하라는 새 계명, 베드로의 3번 부인을 예고합니다. **요14:6 '내가 곧 길이요 진리요 생명이다'**와 **요15:1 '나는 참 포도나무다'**라는 유명한 마지막 교훈의 말씀을 하시고, ⑦**겟세마네** 기도를 하시고 예수님은 대제사장 무리들에게 잡히십니다. 금요일 십자가에서 죽으시고 일요일 예수님은 부활하십니다. 막달라 마리아와 다른 마리아가 예수님을 처음 만납니다. 엠마오로 가는 두 제자를 만나시고 예루살렘에서 열한 제자를 만나십니다. 8일 후에 도마와 제자들을 만나십니다. 멀리 갈릴리 호수에서 고기를 잡는 7명의 제자들에게 나타나십니다. 예수님이 11명의 제자들에게 모든 민족의 제자화와 세례에 대한 사명을 주십니다. 갈릴리 500명의 형제들에게 나타나시고 야고보를 만나시고 감람산에서 제자들이 보는 가운데 승천하시고 다메섹에서 바울을 부르십니다.

유월절을 중심으로 예수님의 공생애를 살펴보았습니다. 예수님이 사역하셨던 지명을 잘 기억해야 합니다. 장소에 따라 예수님의 사역이 기술되고 있기 때문입니다. 예루살렘이 가장 중요한 사역중심지이지만 **가버나움**이 예루살렘과 버금가는 매우 중요한 사역중심지임을 기억해야 합니다. 천국을 전파하시고, 말씀을 가르치시고, 말씀을 전할 제자들을 양성하시고, 귀신 들린 자들과 병이 있는 자들을 고치시고, 죽은 자를 살리시고, 전도하시고, 설교하시고, 기도하시고, 기쁨이 있는 곳에 같이 동참하시고, 자연을 주관하시는 분이 바로 예수 그리스도입니다.

예수님의 공생애 삼 년 반 요약

구분	장소	내용	성경말씀
공생애 전	나사렛	마리아 예수님 잉태	마1:18 성령으로 잉태함.
	베들레헴	로마 호적명령에 의거 고향으로 이동, 예수님 탄생, 목자들 경배	눅2:5 마리아와 함께 호적하러 올라감.
	예루살렘	아기예수 정결예식 성전에서 함.	눅2:39 주의 율법에 따라 모든 일을 마침
	베들레헴	헤롯의 위협으로 인해 애굽으로 피신	마2:13 헤롯을 피하여 애굽 이동
	애굽	헤롯이 죽을 때까지 잠시 정착함.	마2:15 헤롯이 죽을 때까지 애굽에 정착함.
	나사렛	헤롯이 죽고 분봉왕 헤롯 아켈라오 포악함으로 나사렛에 정착	마2:22 아켈라오 유대왕 됨.
	예루살렘	예수님 12세에 방문	눅2:42 유월절에 예루살렘을 방문
	나사렛	젊은 시절 보냄.	눅2:52 지혜와 키가 자라남.

구분	장소	내용	성경말씀
공생애 시작	나사렛	나사렛에서 요단강으로 세례 받으러 감.	마3:13 세례 받으러 옴.
	요단강	요한에게 세례 받음.	마3:16 요한에게 세례 받으심.
	유대광야	40일 금식, 시험받음	마4:1-11 금식과 마귀의 시험
	요단강	시몬, 안드레, 요한, 빌립, 나다나엘 부름	요1:35-51 5명을 제자 부르심
	가나	혼인잔치에 참여, 물을 포도주로 바꿈.	요2:1-12 가나혼인잔치
	가버나움	어머니, 형제, 제자들과 함께 감.	요2:12 가버나움

구분	장소	내용	성경말씀
첫 유월절 공생애	예루살렘	성전청결, 니고데모 거듭남의 비밀 대화	요2:13-3:21
	수가	어느 과부와 예수님의 목마르지 않는 샘물	요4:1-42
	가나	가나왕의 신하 아들의 병을 고치시는 예수님	요4:43-54
	나사렛	자라난 곳에서 오히려 배척당하심.	요4:44, 눅4:24, 막6:4
	가버나움	가르치고, 복음전파하고, 병을 고치심.	요5:1-18

구분	장소	내용	성경말씀
둘째 유월절 공생애	예루살렘	베데스다 연못가에서 38년 된 병자를 안식일에 고치심.	요5:9 곧 나아서 자리를 들고 걸어가는 병자
	가버나움	안식일 논쟁과 12명의 제자 확정	눅6:1-19, 마10:1-4 막3:13-19
	팔복산	산상수훈 16가지 교훈, 소금과 빛, 좁은 문, 주기도문 등	마5:1-7:29, 눅6:20-49
	가버나움	백부장의 종을 고침.	눅7:1-10, 마8:5-13
	나인성	과부의 죽은 외동아들을 살리심.	눅7:11-17
	막달라	막달라 마리아와 여인들이 예수님 섬김.	눅8:1-3
	갈릴리	갈릴리 호수를 잔잔하게 하시는 예수님	막4:39, 마8:26
	거라사	군대 귀신 들린 자 고침	막5:1-20, 마8:28-34
	가버나움	회당장 야이로의 12살 딸을 살림, 12년 혈루증 여인을 고침	눅8:40-56, 눅8:44

구분	장소	내용	성경말씀
셋째 유월절 공생애	뱃새다 광야	오병이어 기적	마14:13-21, 요6:1-14, 눅9:10-17, 막6:30-44
	갈릴리 호수	갈릴리 호수를 걸으시는 예수님	요6:16-21, 마14:22-33
	게네사렛	병자를 고치심.	마14:34-36, 막6:53-56
	가버나움	생명의 떡은 예수님 자신임을 말씀하심.	요6:22-59
	두로	수로보니게 여인의 귀신들린 딸을 고치심.	막7:24-30, 마15:21-28
	데가볼리	귀먹고 말 더듬는 자를 고치심.	막7:31-37
	마가단	바리새인과 사두개인의 누룩을 조심하라 말씀하시는 예수님	마16:5-12, 막8:14-21
	가이사랴 빌립보	베드로의 신앙고백	마16:13-20, 막8:27-30
	헤르몬산	영광스러운 모습을 바꿔시는 예수님과 귀신들린 아이를 고치시는 예수님	마17:1-8, 막9:2-13
	가버나움	천국에서 큰 사람, 만 달란트 빚 진자 등 가르치시는 예수님	마18:1-20:34 막9:33-10:52

구분	장소	내용	성경말씀
넷째 유월절 공생애	예루살렘	유월절 6개월 전에 초막절을 지내심.	요7:1-10:21
	베다니	베다니에서 마르다와 마리아의 섬김	눅10:38-42
	예루살렘	수전절을 지내심.	요10:22-23
	베레아	요한이 세례를 베풀던 곳에서 거하심.	요10:40
	베다니	나사로를 살리심.	요11:1-44
	에브라임	제자들과 머무르심.	요11:54
	베레아	3개월간 사역을 하심. 이혼, 아이들 축복 등	막10:1-31, 마19:1-30
	여리고 가는 도중	10명의 나병환자 고치심.	눅17:11-19
	여리고	맹인 바디메오와 세리장 삭게오 만남	눅18:35-19:10
	베다니	향유를 붓는 마리아	요12:3, 막14:3-9

구분	장소	내용	성경말씀
마지막 일주일 공생애	예루살렘 (주일)	나귀타고 입성	요12:12-19
	예루살렘 (월요일)	두 번째 성전청소	눅19:45, 막11:15-19, 마21:12-17
	베다니 (월요일)	베다니에 기거하심.	막11:11, 마21:17
	예루살렘 가는 도중 (화요일)	무화과나무 저주하심.	막11:12-14, 마21:18-22
	예루살렘 (화요일)	성전강론	마21장-23장, 막11:27-12:44
	감람산 (화요일)	감람산강론	마24:3-25:46, 막13:1-37
	침묵 (수요일)	침묵	-
	예루살렘 (목요일)	가룟유다 배반, 세족식, 최후의 만찬 등	막14:10-25
	겟세마네 (목요일)	겟세마네 기도하시고 잡히시고 공회 앞에 서시는 예수님	막14:32-65
	골고다 (금요일)	십자가에서 돌아가심.	막15:21-47, 마27:46

구분	장소	내용	성경말씀
마지막 일주일 공생애	무덤 (주일)	부활하신 예수님	막16:1-20, 마28:1-10
	예루살렘	막달라 마리아 만남	막16:9, 마28:9-10, 요20:11-18
	엠마오길	두 제자를 만남	막16:12, 눅24:13-35
	갈릴리	11제자와 만남	막16:14, 마28:16-20

사도행전(12장까지)

사도행전 12장까지를 요약합니다. AD30년에 예수님의 부활승천이 있습니다. 일단 사도행전 1장 8절을 기억해야 합니다.

오직 성령이 너희에게 임하시면 너희가 권능을 받고 예루살렘과 온 유대와 사마리아와 땅끝까지 이르러 내 증인이 되리라.

성령의 시대, 제자의 시대가 열린 거죠. 상기 말씀은 **'오너예'**가 핵심입니다. 오직, 너희가, 예루살렘 세 글자는 꼭 암기해야 사도행전 1장 8절 말씀이 기억납니다. 따라서 **오너예** 꼭 기억하세요. 12제자 중 가룟유다 대신에 맛디아를 뽑습니다. 오순절 성령강림 후 베드로와 요한은 앉은뱅이를 고치는 기적을 베풀고 박해를 받으나 많은 무리들이 모여듭니다. 구제와 말씀 증거에 대한 분담이 필요한 제자들은 성령과 지혜충만, 칭찬받는 사람 기준으로 일곱 집사를 뽑습니다.

스데반이 빌립에게 밭 메든지 나가 놀든지 하라고 하자, 논다고 하자 그런고로 다만 니골탕 먹는다.

그냥 외우는 것보다 위의 문장 외우는 게 더 힘들게 느껴질 수도 있습니다. 그러나 그렇지 않습니다. 의미상 문장은 조금 길어도 머릿속에서 생각나게 만듭니다.

스데반, 빌립, 바메나, 니가노르, 브로고로, 디몬, 니골라 초대교회 일곱 집사들입니다. 스데반이 순교하고 바울이 AD34년에 회심하고 베드로가 로마 백부장 고넬료를 만나는 사건이 이어집니다. AD44년 야고보가 순교합니다.

사도행전 12장까지 암송하는 방법은 다음과 같습니다.

맛은 **오성강, 베일**에 싸여 있지, **일**본음식 **스바/고야**와 비슷해

맛디아, 오순절성령강림, 베드로의 나면서 못 걷는 이를 일어나게 한 사건, 일곱 집사 선발, 스데반의 순교, 바울의 회심 AD34, 고넬료가 베드로를 만나는 사건, 야고보의 순교

사도행전 12장 이후는 바울의 전도여행이 시작됩니다.

사도행전 1:8

오직 성령이 너희에게 임하시면 너희가 권능을 받고 예루살렘과 온 유대와 사마리아와 땅 끝까지 이르러 내 증인이 되리라 하시니라

바울의 1차 전도여행

바울의 1차 전도여행은 바울과 바나바, 마가요한 3명이 시작합니다. 전도여행 기간은 AD46~AD48년입니다. 이방인 선교의 전초지인 수리아 안디옥(시리아 안디옥), 바나바의 고향인 구브로, 밤빌리아에 있는 버가, 유대인들의 괴롭힘과 방해가 심했던 비시디아 안디옥과 이고니온, 앉은뱅이를 걷게 한 기적을 베푼 루스드라, 더베, 루스드라, 이고니온, 비시디아 안디옥, 버가, 앗달리아, 수리아 안디옥 순으로 여행합니다. 전도여행지를 의미상의 문장으로 만들지 않습니다. 단, 그 지역이 지도상에서 어디인지는 인지하는 게 중요합니다. 마가요한은 여행이 버겁고 힘들어 버가에서 예루살렘으로 돌아가고, 나머지 일행은 비시디아와 이고니온에서 전도하다가 유대인에게 쫓겨 루스드라로 갑니다. 오랜 기간 걷지 못하는 자를 고쳐주고 많은 사람들로부터 존경받는 신앙의 대상까지 되지만 마찬가지로 유대인들에게 돌에 맞아 더베로 갑니다. 특별히 루스드라를 기억하십시오. 바울 일행이 복음전도를 방해하는 유대인들이 던진 돌에 맞아 죽을 뻔했던 곳입니다. 루스드라 이후 바울의 복음사역은 고난의 동반을 역설합니다. 거기서 역으로 다시 갔던 지역을 모두 거쳐 수리아 안디옥에 도착해서 율법과 할례 논쟁이 있습니다. 수리아 안디옥에서는 논쟁이 완전히 해결되지 않아 예루살렘 공의회에 넘깁니다. 할례 없이 예수님을 믿는 믿음으로 구원받을 수 있는지 질문합니다. 예루살렘 공의회가 기존 유대교에서 벗어나 기독교 중심 공의회로 탈바꿈을 합니다. 갈라디아서도 주 논점은 할례와 율법이죠. 예루살렘 공의회는 AD49년이며 바울, 바나바, 베드로, 야고보 등이 중심입니다. 야고보는 예루살렘 공의회 의장이며 예수님의 친동생입니다. 갈라디아서는 1차 전도여행 직후에 기록된 것으로 추측합니다. 갈라디아서의 기록연대는 문헌마다 신학자들마다 다양합니다. 1차 전도여행 때 또는 이후라고 주장하는 신학자도 있고, AD52년 2

차 전도여행 중 고린도에서 썼다는 주장도 있고, 3차 전도여행 때 썼다고 주장하는 문헌도 있습니다. 근래 다수의 신학자와 성경통독교재에서 1차 전도여행 때 또는 이후라는 주장이 설득력을 얻고 있습니다. 갈라디아 지방을 전도여행하고 난 이후 갈라디아 지방에 유대 율법주의자들의 세력이 커지게 됩니다. 이때 예수 그리스도의 복음도 인정하나 모세의 율법을 지키고 할례를 받아야만 구원을 받는다는 잘못된 복음, 즉 다른 복음을 이방인들과 유대인들, 교회 지체들에게 전하게 되는데, 이것이 발단이 되어 바울이 갈라디아서를 쓰게 됩니다. 다른 복음이 나타난 시기가 바울이 1차 전도여행 때 갈라디아 지방을 다녀간 이후로 봅니다. 따라서 갈라디아서의 기록연대를 1차 전도여행 이후로 보는 견해입니다.

사도행전 15:9

믿음으로 그들의 마음을 깨끗이 하사 그들이나 우리나 차별하지 아니하셨느니라

*** 사도행전바울의 1차 전도여행**

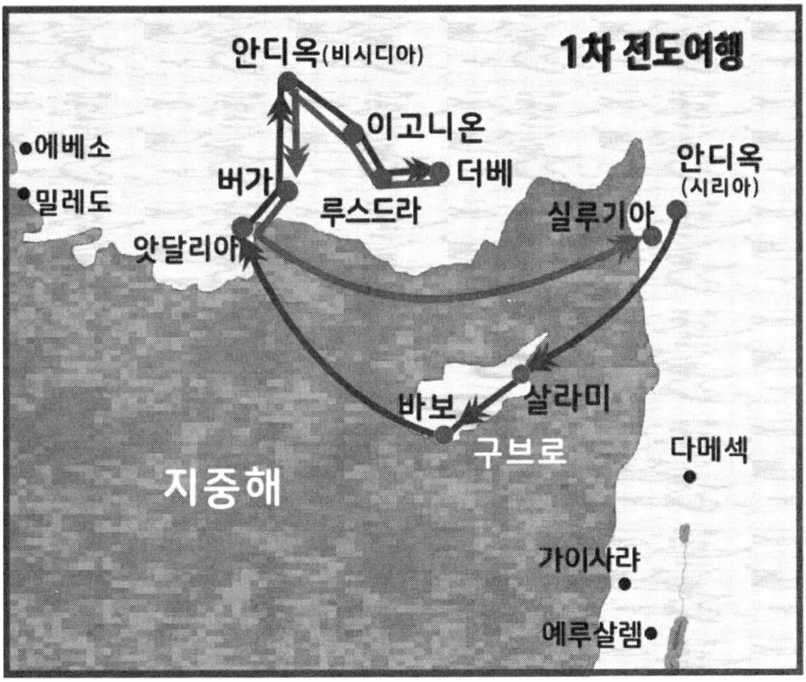

(출처: 기다리는 마음 네이버 블로그 공유자료)

바울의 2차 전도여행

바울의 2차 전도여행은 마가 요한의 동행여부에 관하여 의견을 달리함으로써 바나바와 헤어지고 실라와 같이 갑니다. 전도기간은 AD50~AD52년입니다. 수리아 안디옥, 길리기아, 다소, 더베, 루스드라, 이고니온, 비시디아 안디옥, 드로아까지 갑니다. 루스드라에서 신실한 청년 디모데를 만나 동행하고 1차 전도지와 소아시아에서만 전도하려 했지만 드로아에서 환상을 보고 마게도냐로 갑니다. 드로아에서 마게도냐로 **드루와~드루와~** 해서 간 거죠. 누가가 드로아에서 합류합니다. 빌립보에서 자색옷감장사 루디아를 만나고 루디아는 복음을 받아들입니다. 귀신들린 점치는 여종을 고쳐줘서 오히려 감옥에 갑니다. 간수가 주님을 영접하고 데살로니가로 이동, 다시 베레아로 이동, 바울 만 아덴으로 이동, 아덴은 철학도시로 우상숭배가 심하였습니다. 다시 고린도로 이동하고 천막을 만드는 부부 아굴라와 브리스길라를 만나 동역자가 됩니다. 1년 6개월을 지내며 고린도교회가 세워지고 최초의 바울서신인 데살로니가전후서는 고린도에서 기록하게 됩니다. 데살로니가서의 주 키워드는 재림입니다. **데살로니가 즉 되살아나니까 재림입니다.** 의미는 부활이지만 다시 나타나는 거니까 재림입니다. 재밌죠. 바울이 재림을 강조하자 데살로니가교인들은 예수 재림이 곧 오는데 공부하면 뭐해? 일하면 뭐해? 하며 불성실한 행동을 보이자 바울이 영적건강을 유지하라고 권면한 글입니다. 바울은 에베소, 가이사랴를 거쳐 수리아 안디옥으로 옵니다. 2차 전도여행은 이렇게 끝이 납니다.

사도행전 16:31

이르되 주 예수를 믿으라 그리하면 너와 네 집이 구원을 받으리라 하고

*** 사도행전바울의 2차 전도여행**

(출처: 기다리는 마음 네이버 블로그 공유자료)

바울의 3차 전도여행

바울의 3차 전도여행은 거의 에베소에서 보냅니다. 에베소에는 바울이 오기 전 아볼로가 예수님을 전하고 있었고 아굴라와 브리스길라가 더 가르쳐 고린도로 파송합니다. 이때 바울이 에베소에 와서 두란노서원에서 2년 동안 열심히 예수님과 복음을 가르칩니다. 에베소에 우상을 팔아 사는 사람들이 큰 소동을 일으켜 바울을 내쫓습니다. 고린도의 아볼로는 아볼로파, 바울파, 베드로파, 그리스도파로 분열된 고린도교회 문제를 갖고 에베소로 옵니다. 복음의 능력 안에서 하나를 강조하고 고린도교회 문제점의 해결책을 써서 디모데 편에 고린도로 편지를 보냅니다. 분쟁, 부활, 결혼, 소송, 성령의 선물 등에 관한 문제의 해결책입니다. 이 내용을 담고 있는 편지가 고린도전서입니다. 고린도교인들은 회개를 하지만 바울의 능력을 의심하는 이도 생겨났습니다. 그것에 대한 답으로, 디도를 통해 고린도후서 10~13장의 바울의 수고와 과거의 전도 때 당한 위험을 알리고, 고린도교인들이 편지에 모두 반성합니다. 이에 바울은 고린도교인들에게 감사의 편지, 즉 고린도후서 1~9장을 보냅니다. 3차 전도여행의 키워드는 에베소, 아볼로, 분파, 디모데, 고린도전서, 디도, 고린도후서 10~13장, 고린도후서 1~9장입니다. 3차 전도여행 초기에 고린도전·후서를 쓰고 AD57~58 사이 고린도로 이동하여 약 3개월간 머물며 로마서를 씁니다. 대필자는 더디오입니다. 대필이 늦어져서 바울이 **"왜 이리 더디오"**라고 했다는 소문이~. 편지를 로마에 전달한 사람은 뵈뵈입니다. 모두 고린도 사람들입니다. 빌립보, 드로아, 앗소, 밀레도, 두로, 돌레마이, 가이사랴, 예루살렘 순으로 바울의 3차 전도여행의 여정은 모두 끝이 납니다.

사도행전 20:24
내가 달려갈 길과 주 예수께 받은 사명 곧 하나님의 은혜의 복음을 증언하는 일을 마치려 함에는 나의 생명조차 조금도 귀한 것으로 여기지 아니하노라

*** 사도행전바울의 3차 전도여행**

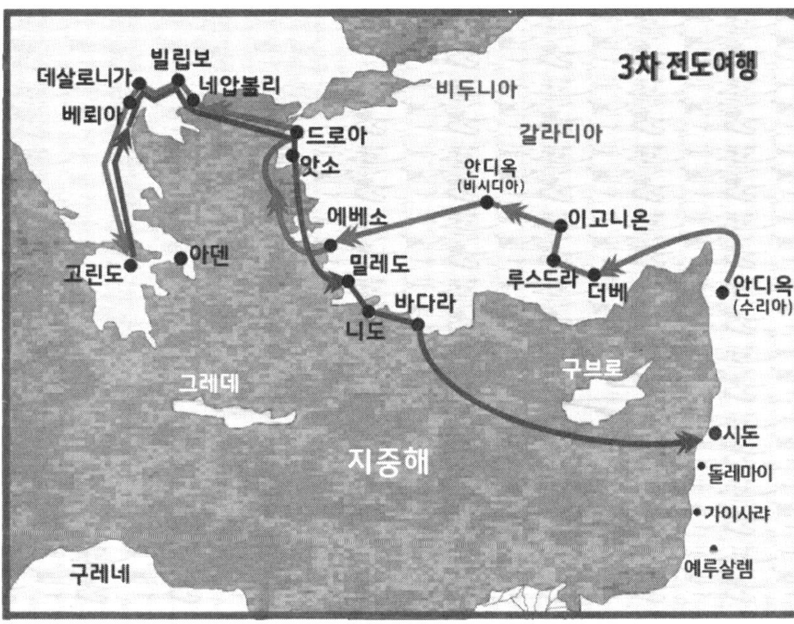

(출처: 기다리는 마음 네이버 블로그 공유자료)

바울의 4차 전도여행(로마 전도여행)

사도행전 22장에서 28장까지에 나오는 바울의 4차 전도여행은 예루살렘에서 시작되었습니다. 예루살렘 성전에 올라간 바울을 아시아에서 온 유대교인들이 이방인을 차별하지 않는 다는 죄목으로 끌어내려 죽이려 합니다. 군중의 폭동을 걱정한 로마 천부장은 바울을 체포합니다. 바울은 로마황제 앞에서 재판받기 위해 로마로 떠납니다. 로마로 가는 도중 배는 광풍을 만나 난파하여 로마에서 조금 떨어진 멜리데라는 섬에 도착합니다. 멜리데에서 석 달간 복음을 전합니다. 로마에 도착한 바울은 2년간 가택연금이 되었지만, 대체적으로 방문객들이 자유롭게 접견할 수 있어 바울은 그나마 하나님의 말씀을 전파할 수 있었습니다. 이 시기에 바울은 에베소서, 빌립보서, 골로새서, 빌레몬서 4권의 옥중서신을 썼습니다. 대략 AD61~63년입니다. 사도행전 28장 30절에 **"바울이 온 이태를 자기 셋집에 머물면서"**라고 말하고 있습니다. 이는 2년 동안 로마감옥에서 있었다는 것을 의미합니다. 바울이 로마에 갈 때 사도행전의 저자 누가도 동행하였습니다. AD64년에 로마 대화재사건이 발생하고 AD67년에 바울이 순교합니다. 바울의 4차 전도여행은 바울이 예루살렘에서 출발하여 로마에 도착하기까지의 여정, 로마 1차 투옥, 투옥 후 전도하러 다닌 실제적인 4차 전도여행, 그리고 2차 투옥까지의 모든 여정을 말합니다. 투옥 후의 실제적인 전도여행은 사도행전에 나오지 않고 딤전1:3, 딤후4:13, 딤후4:20 등 바울서신 여러 곳에 흩어져서 기록되어 있습니다. 바울이 마지막으로 순교하기 전에 기록한 디모데후서 4장 9절, **"너는 어서 속히 내게로 오라"**고 말하는 바울의 디모데를 향한 사랑과 인간으로서의 처절한 외로움, 7절에서 **"나는 선한 싸움을 싸우고 나의 달려갈 길을 마치고 믿음을 지켰다"**고 말하는 바울의 순교자적 선교행적을 보며 왜 하나님께서 바울을 강권적으로 선택하여 사용하셨는지를 알 수 있는 대목입니다. 바울은 정말로 대단한 하나님의 사도입니다.

사도행전 28:31
하나님의 나라를 전파하며 주 예수 그리스도에 관한 모든 것을 담대하게 거침없이 가르치더라

사도행전바울의 4차 전도여행

(출처: 기다리는 마음 네이버 블로그 공유자료)

바울의 전도여행 요약

구분	성경	바울			방문장소	주요사건
		동행자 동역자	협력자 영접한자	박해자 방해자		
1차 전도여행 (AD46~48)	행13~15장	바나바 마가-요한 / 베드로 야고보 (예루살렘)	서기오-바울 (구브로)	바예수 (구브로) 유대인 경건한-귀부인 유력자 (비시디아 안디옥)	수리아안디옥→구브로→버가→비시디아안디옥→이고니온→루스드라→더베→버가까지 역순 재방문→앗달리아→수리아안디옥→예루살렘	• 구브로-서기오 바울 복음 영접 • 루스드라-바울이 앉은 뱅이 고침, 바울이 돌에 맞음. • 갈라디아서 기록
2차 전도여행 (AD50~52)	행16~18장	실라 디모데 누가 / 브리스-길라 및 아굴라 (고린도)	루디아 감옥간수 (빌립보) 야손 헬라인 (데살로니가) 그리스보 디도-유스도 (고린도)	유대인 여종주인 (빌립보)	수리아안디옥→길리기아→갈라디아→브루기아→드로아→네압볼리→빌립보→데살로니가→베레아→아덴→고린도→에베소→가이사랴→수리아안디옥	• 루스드라-디모데 합류 • 빌립보-귀신들린 점치는 여종 병 고침, 감옥간수 주님 영접 • 고린도 1년6개월 가르침 • 데살로니가서 기록

구분	성경	바울			방문장소	주요사건
		동행자 동역자	협력자 영접한자	박해자 방해자		
3차 전도 여행 (AD53 ~58)	행19~ 21장	디모데 에라스도 디도 누가 아볼로 브리스- 길라 및 아굴라 (에베소) 아리스- 다고 가이오	에베소교 회장-로들 (밀레도) 빌립 아가보 나손 (가이사랴)	유대인 스게와 의- 일곱아들 데메드- 리오 모형직공 영업자들 (에베소)	수리아안디옥 →갈라디아→브 루기아→에베 소→마케도니 아→고린도→빌 립보→드로아→ 앗소→미둘레 네→사모→밀레 도→두로→돌레 마이→가이사 랴→예루살렘	• 에베소 12명 성령 받음, 두 란노서원 2년 간 말씀 강론 • 드로아 죽은 청년 유두고 를 살림 • 고린도서와 로마서 기록
4차 전도 여행 (AD59 ~67)	행22~ 28장	누가 디모데 아리스- 다고 두기고 오네시모 에바브- 로디도 에바브라	백부장율 리오 (로마호송) 멜리데 원주민 보블리오 (멜리데)	벨릭스 베스도 유대인 아나니아 더둘로	예루살렘→가이 사랴→시돈→그 레데→멜리데→ 수라구사→보디 올→압비오→로 마(마케도냐, 드 로아, 에베소, 그레데 등 포함)	• 광풍 유라굴 로로 멜리데 섬에 도착, 석 달 복음 전함. • 에베소서 등 옥중서신 4 권, 디모데서 등 목회서신 3권 기록

바울의 전도여행을 암송하는 가장 효과적인 방법은 각 차수별로 바울이 전도하기 위해 방문한 지역을 지도상에 어디에 위치하는지를 확인하면서, 그 지역에서 어떤 사건이 벌어졌는지를 순차적으로 알아보고 기억하는 것입니다. 장소이동 같은 순차적으로 일어나는 일은 지도와 같은 그림을 이용하는

것이 최고의 방법입니다. 4차 전도여행을 제외하고 모든 전도여행의 출발점은 수리아 안디옥입니다. 1차 전도여행에서 핵심 방문지는 루스드라와 예루살렘이라고 말할 수 있습니다. 복음을 전하다가 루스드라에서는 돌에 맞아 거의 순교 직전까지 갔었고, 갈라디아 지방에서 발생한 이방인에 대한 할례와 모세 율법준수에 의해서만 구원을 받을 수 있다는 유대율법주의자들의 잘못된 주장에 대해 예루살렘 공의회에서 오직 예수 그리스도만이 구원으로 가는 유일한 길임을 확정하였습니다. 2차 전도여행에서 주요 방문지는 빌립보와 고린도입니다. 빌립보에서 자주 장사 루디아가 복음을 받아들이고 감옥간수와 그의 가족들이 주님을 영접합니다. 고린도에서 바울은 브리스길라와 아굴라 부부를 만나 동역하게 되고 데살로니가서를 기록합니다. 3차 전도여행 기간 중 가장 중요한 방문지는 단연코 에베소입니다. 바울은 여기서 고린도전서를 쓰고 두란노서원이란 곳에서 2년간 말씀을 강론합니다. 마케도냐에서 고린도후서를 씁니다. 4차 전도여행의 가장 주목받는 방문지는 로마입니다. 1차 투옥 때 에베소서 등 옥중서신 4권을 쓰게 되고 잠시 감옥에서 풀려나 에베소, 드로아 등의 지역을 돌아다니며 전도하다가 다시 2차로 투옥되고 순교할 때까지 디도서 등 3권의 목회서신을 쓰게 됩니다. 바울서신 13권은 바울의 전도여행 때 모두 바울에 의해 쓰입니다. 바울은 오직 예수 그리스도만이 우리의 구원의 통로임을 목숨을 걸고 전파한 인류 역사상 가장 위대한 산증인이라고 말할 수 있습니다.

로마서

로마서를 암기하는 방법을 공유합니다.

문정심 이율성 하의성의

문정심과 이율성은 하나님의 의와 성도의 의무를 잘 지킵니다로 암송하세요. **문정심**이라는 사람과 **이율성**이라는 사람이 있다고 가정하시기 바랍니다.

문안인사를 하고 이방인이든, 유대인이든 모두 죄인(**정**죄)이고 **심**판을 받습니다. 그러나 그리스도를 믿음으로 의인이라 칭함을 받습니다. 우리는 이것을 **이**신칭의라고 하죠. **율**법도 필요한데 죄를 깨닫게 하는 등 율법의 역할이 있지만 율법의 행위로 구원받지 못하고 그리스도를 믿음으로 **성**령의 은사를 받아 율법을 완성해야 합니다. 하나님의 의는 순종과 공의이며 오래 참음과 자비입니다. 그러기에 **성**도들은 **의**무가 있는데 비판은 NO, 정죄 NO, 형제실족 NO, 권세복종, 사랑, 찬양, 선함, 덕을 세우고, 인내 등으로 하나님을 기쁘시게 하는 성도가 되십시오.

로마서는 장별로 꼼꼼히 읽어보고 다른 분들이 쓰신 강해설교도 들어보고 요약문도 읽어보지만 흐름과 구성이 심오합니다. 로마서 전체를 의미상 한 문장으로 만드는 작업이 쉽지 않았습니다. 하나님은 우리를 끝까지 사랑하시고 죄의 길에 가는 것을 원치 않으시고 아들을 십자가에 달리시게 함으로까지 우리를 사랑하신다는 것을 깨닫는 게 중요합니다. 하나님은 사랑이십니다. 우리도 **문정심과 이율성**처럼 하나님의 의를 잘 지키고 성도의 의무를 잘합시다.

로마서를 정리해보겠습니다. 로마서는 바울이 3차 전도여행 때 고린도에서 3개월간 머물면서 쓴 편지입니다. 오직 믿음으로 말미암아 하나님께 의롭다 칭함을 받는다고 편지를 씁니다. 이것을 이신칭의라고 합니다. 바울의 최종 목표는 서바나에서 복음을 전하는 것입니다. 이에 로마교회의 후원을 요청하기 위해 로마서를 씁니다. 바울은 사도행전 1장 8절에 나오는 땅 끝이 서바나라고 생각했기에 서바나를 가고 싶어 했습니다. 예루살렘으로 돌아간 바울은 군중들에게 잡혀 죽을 고비를 넘기고 가이사랴로 이송합니다. 거기서 2년간 머문 후 로마로 압송됩니다. 가이사랴 총독 벨릭스와 후임 총독 베스도는 바울을 유대인들에게 넘기려 합니다. 바울은 로마황제 가이사에게 재판청구를 함으로써 로마로 이송됩니다. 바울은 예루살렘에서 잡혀 가이사랴로 이송되고 거기서 2년간 옥살 이후 로마로 갑니다. AD61~63년 기간 동안 가택연금이 됩니다. 이때 에베소서, 빌립보서, 골로새서, 빌레몬서, 디모데전서, 디도서, 디모데후서를 씁니다.

엡빌골몬 딤딛딤

앞의 4개는 옥중서신, 뒤의 3개는 목회서신입니다. 특히 디모데후서는 바울의 유언장입니다. AD67년에 바울이 순교합니다. AD63년에 바울은 석방되지만 AD64년에 로마대화재가 나며 유대인들은 심한 박해를 받기 시작합니다.

로마서 12:2

너희는 이 세대를 본받지 말고 오직 마음을 새롭게 함으로 변화를 받아 하나님의 선하시고 기뻐하시고 온전하신 뜻이 무엇인지 분별하도록 하라

로마서 14:8

우리가 살아도 주를 위하여 살고 죽어도 주을 위하여 죽나니 그러므로 사나 죽으나 우리가 주의 것이로다

로마서 14:17

하나님의 나라는 먹는 것과 마시는 것이 아니요 오직 성령 안에 있는 의와 평강과 희락이라

쉬어가는 코너 - 주님은 형식보다 마음과 자세를 원하십니다

성경 장절	말씀	핵심내용
창세기 4:5	가인과 그 제물은 받지 아니하신지라 가인이 몹시 분하여 안색이 변하니	가인의 죄 (창4:7)
레위기 10:1~2	아론의 아들 나답과 아비후가 각기 향로를 가져다가 여호와께서 명령하시지 아니하신 다른 불을 담아 여호와 앞에 분향하였더니 불이 여호와 앞에서 나와 그들을 삼키매 그들이 여호와 앞에서 죽은지라	불순종과 술 취함 (레10:1, 레10:9)
사사기 7:6	손으로 움켜 입에 대고 핥는 자의 수는 삼백 명이요 그 외의 백성은 다 무릎을 꿇고 물을 마신지라	준비되지 못함 (삿7:7)
마태복음 23:25	화 있을진저 외식하는 서기관들과 바리새인들이여 잔과 대접의 겉은 깨끗이 하되 그 안에는 탐욕과 방탕으로 가득하게 하는도다	외식(마23:26)
마태복음 5:24	예물을 제단 앞에 두고 먼저 가서 형제와 화목하고 그 후에 와서 예물을 드리라	마음이 형식보다 우선(마5:24)
마가복음 12:42~43	한 가난한 과부는 와서 두 렙돈 곧 한 고드란트를 넣는지라 예수께서 제자들을 불러다가 이르시되 내가 진실로 너희에게 이르노니 이 가난한 과부는 헌금함에 넣는 모든 사람보다 많이 넣었도다	가난한 중에 전심으로 헌금함 (막12:44)

누가 복음 18:12 ~13	나는 이레에 두 번씩 금식하고 또 소득의 십일조를 드리니이다 하고 세리는 멀리 서서 감히 눈을 들어 하늘을 쳐다보지도 못하고 다만 가슴을 치며 이르되 하나님이여 불쌍히 여기소서 나는 죄인이로소이다 하였느니라	진정한 회개가 금식과 십일조보다 우선 (눅18:12~13)
고린도 전서 13:1	내가 사람의 방언과 천사의 말을 할지라도 사랑이 없으면 소리나는 구리와 울리는 꽹과리가 되고	방언과 천사의 말보다 사랑이 우선 (고전13:1)
디모데 후서 3:5	경건의 모양은 있으나 경건의 능력은 부인하니 이 같은 자들에게서 네가 돌아서라	경건의 능력이 형식보다 우선 (딤후3:5)

주님은 형식보다 진실한 마음을 원하십니다. 주님은 세상을 향한 양적이고 절대적인 수보다 주님을 향한 질적이고 상대적인 수를 귀하게 여기십니다. 주님은 신앙의 습관적이며 반복적인 행위보다 회개, 용서, 사랑을 원하십니다. 하나님은 가인의 제사를 받지 않습니다. 성결한 가운데 제사를 드려야 하는데, 죄 가운데 제사를 드리므로 하나님께서 받지 않습니다. 제사의 형식보다 제사를 드리는 사람의 온전한 자세와 깨끗한 마음을 보십니다. 나답과 아비후는 하나님께서 명령하신 불로 분향을 해야 히나 다른 불로 분향을 하여 죽습니다. 레위기 10장 9절, 회막에 들어갈 때는 포도주나 독주를 마시지 말라고 하였으나 규례를 어김으로 화를 자초합니다. 형식과 자세 모두 어긴 벌을 받습니다. 미디안과 싸우기 위해 32,000명의 기드온 병사가 모이자 하나님은 너무 많다고 하십니다. 사실 32,000명도 적은 숫자인데 하나님은 준비되지 않은 32,000보다 준비된 300명을 택하셨습니다. 갈증에도 불구하고 눈앞에 있는 적을 주시하고자 손으로 움켜 입에 대고 핥는 300명의 용사를 택하십니다. 하나님은 숫자보다 준비된 자세와 마음을 원하십니다. 하나님은

잔과 대접의 깨끗한 겉보다 내용물을 보십니다. 그런데 바리새인과 서기관들은 욕심과 방탕으로 가득 차 있습니다. 두 렙돈은 현재 우리나라 화폐 단위로 780원 정도입니다. 한 데나리온은 5만 원가량입니다. 가난한 과부는 두 렙돈을 헌금함에 넣자 예수님은 마음의 중심을 보시고 칭찬하십니다. 헌금의 절대적인 액수가 중요한 게 아니고 드리는 마음과 자세의 문제입니다. 아무리 방언을 한들, 아무리 천사의 말을 한들 사랑이 없으면 시끄러운 꽹과리라고 합니다. 사랑의 행위로 옮겨지지 않으면 방언은 혼자서 알지도 못하는 말로 중얼중얼하다가 끝납니다. 의미가 없습니다. 형제와 화목한 이후에 예물을 제단에 드리라고 하십니다. 그냥 형식이 중요한 게 아니고 제대로 된 예물을 받고자 하십니다. 드리는 자의 정결한 예물, 드리는 자의 깨끗한 예물을 받으십니다. 바리새인은 금식과 십일조를 자랑하지만 세리는 가슴을 치며 회개합니다. 바리새인은 사람 앞에 보이려고 하지만 세리는 하나님과 소통하려고 합니다. 하나님은 경건의 모양만 있는 바리새인은 책망하시며 경건의 능력을 믿고 하나님만을 섬기는 고아와 과부와 세리를 칭찬하십니다. 하나님은 교만과 형식을 배척하시고 겸손과 마음을 귀하게 보십니다.

고린도전서

고린도전서를 살펴보겠습니다. 바울이 3차 전도여행 중 에베소에 3년간 머뭅니다. 이때 고린도교회에서 목회하던 **아볼로**가 바울이 있는 에베소에 찾아와서 교회에서 발생한 어려움을 토로합니다. 1장에서 분파로 시끄러운 고린도교회에 십자가의 도를 전하며 하나님의 능력과 하나님의 지혜를 이야기합니다. 바울은 고린도에 씨를 뿌렸고 아볼로는 그 밭에 물을 주었지만, 오직 자라게 하는 이는 하나님뿐이시라고 말합니다. 고린도는 헬라시대 최고의 상업항구도시로 물질의 풍요로 우상숭배와 도덕적 타락이 극에 달하였고, 고린도교회도 마찬가지로 영향을 받았습니다. 그에 따른 문제점은 다음과 같습니다.

1~4장은 교회 안에 분쟁과 분파, 5~7장은 음행, 간음 및 탐색, 아내와 남편, 결혼문제, 6장은 전반부에 성도 간의 소송문제, 8~10장은 우상에게 드린 음식, 11장 전반부와 14장 34~36절은 교회 안에 여자 성도들의 자세, 11장 17~34절은 주의 만찬, 12~14장은 성령의 선물, 15장은 몸의 부활입니다. 우리가 모두 알고 있는 사랑장이 13장이므로 성령의 은사는 12~14장이라고 기억하면 안 까먹겠죠.

특별히 성령의 선물인 은사는 교회 내부의 차별을 만드는 것이 아닌, 서로 화목하고 사랑하라고 주는 하나님의 값진 선물입니다. 고린도 성도들은 은사를 통해 싸움과 불화가 일어났고, 바울은 성령의 은사는 사랑이 기본이며 화평의 도구로 사용되어야 하고 겸손한 자세로 낮아지며 화합을 권면하고 있습니다. 자기의 유익을 구하지 않고 성내지 않고 악한 것을 생각하지 않는 것이라 권면합니다. 15장 마지막 권면에서 예수 그리스도의 부활을 강조하며 성도의 구별된 삶을 말합니다. 고린도전서 마지막 16장에서 예루살렘교회 성도들을 위한 구제헌금을 독려합니다. 예수님의 성령의 은사를 입은 성도들이 마땅히 해야 할 본분을 일깨워 줍니다.

고린도교회 문제점을 앞 글자만 열거하면 다음과 같습니다.

분성결 소우여 주성몸

분쟁과 성문제, 결혼문제, 소송, 우상음식, 여자성도, 주만찬, 성령은사, 몸의 부활입니다. 각 문제와 성경 장수를 꼭 맞추어 모두 기억할 필요는 없습니다. 고린도교회에 이런 문제점이 있었고 바울은 이 문제에 대해 어떻게 답변을 했는지가 중요합니다. 그 해답은 결국 예수님의 십자가의 사랑이었습니다. 주님의 사랑만큼 이 세상 문제를 해결해 줄 수 있는 방법은 없습니다. 교회는 특히 더 그렇습니다. 고린도전서를 생각할 때는 필히 분쟁을 먼저 생각하시면 기억의 꼬리를 잡을 수 있습니다. **분성결**로 시작합니다. 분은 성결로 해결해야겠죠. 소를 몰 때 어떻게 모나요? **'소 우' 자를 써서 우여~ 우여~ 하죠.** 마지막은 **주성몸**을 기억하세요. **분성결 소우여 주성몸~, 분성결 소우여 주성몸~** 몇 번만 반복하면 기억이 납니다.

고린도전서 10:13
사람이 감당할 시험밖에는 너희가 당한 것이 없나니 오직 하나님은 미쁘사 너희가 감당하지 못할 시험 당함을 허락하지 아니하시고 시험 당할 즈음에 또한 피할 길을 내사 너희로 능히 감당하게 하시느리라

고린도전서 13:4~7

사랑은 오래참고 사랑은 온유하며 시기하지 아니하며 사랑은 자랑하지 아니하며 교만하지 아니하며 무례히 행하지 아니하며 자기의 유익을 구하지 아니하며 성내지 아니하며 악한 것을 생각하지 아니하며 불의를 기뻐하지 아니하며 진리와 함께 기뻐하고 모든 것을 참으며 모든 것을 믿으며 모든 것을 바라며 모든 것을 견디느니라

고린도전서 15:58

그러므로 내 사랑하는 형제들아 견실하며 흔들리지 말며 항상 주의 일에 더욱 힘쓰는 자들이 되라 이는 너희 수고가 주 안에서 헛되지 않은 줄을 앎이라

고린도후서

고린도후서는 바울의 자전적인 편지로서, 암송할 문장은 없고 전체 내용을 이해하는 것이 더 좋습니다. 고린도전서를 통해 고린도교회의 선한 변화를 희망했던 바울은, 오히려 바울의 편지내용을 반박하는 거짓교사가 나타나고 바울의 사도직까지 의심하는 사태가 벌어지자 고린도교회를 방문할 계획을 세웁니다. 그러나 방문하기 전에 디도를 통해 고린도교회에 엄중한 논조의 편지를 미리 보냅니다. 이 편지는 신약에 나오지는 않습니다. 그러나 이 편지가 또다시 고린도교회를 어렵게 만들지 않을까 생각하여 바울이 고린도교회를 향하던 중, 마케도냐에서 고린도로 보냈던 디도를 만나고 고린도교회에 선한 변화가 있음을 듣고 기뻐하며 고린도후서를 씁니다. 성경교재마다 고린도전서와 후서를 기록한 연도가 조금씩 다릅니다. AD55년 전·후인데 교재마다 1년에서 2년 정도의 차이가 납니다. 고린도서를 이해하는 데 크게 지장이 없기에 AD55~56년 근방으로 기억하면 좋겠습니다.

1장 초반에는 문안인사와 감사, 1장 후반부터 2장까지 전도자 바울을, 3~6장은 바울의 사도직을, 6~7장은 권면과 훈계, 8~9장은 구제헌금을 이야기하고 마지막 10~13장까지는 다시 한번 더 사도적 권위, 바울자신의 전도여행 중 고난과 체험, 맺는말로 고린도후서를 마칩니다. 바울은 사도적 권위의 근거로 히브리인, 율법에 정통하다는 능력, 로마시민권, 과거 교육이력 등을 말하지 않고 그리스도를 위해 당한 고난의 체험을 이야기합니다. 본받을 점입니다. 추가적으로 11장에서 거짓교사에 대한 경계를 당부합니다. 바울은 어려운 난국에 다른 지역의 가난한 성도를 돕기 위해 헌금을 부탁합니다. 참 대단합니다. 내 코가 석 자인데 이 와중에 궁핍한 성도들 도와줄 것을 당부합니다. 이런 점이 바울의 영적 지도력과 사도로서의 권위입니다.

고린도후서 5:17
그런즉 누구든지 그리스도 안에 있으면 새로운 피조물이라 이전 것은 지나갔으니 보라 새 것이 되었도다

갈라디아서

갈라디아서를 살펴보겠습니다. 갈라디아서는 갈라디아라는 지방의 여러 교회들에게 바울이 쓴 편지입니다. 갈라디아서는 바울이 갈라디아 지방을 1차 전도여행 이후에 개척되었으므로 1차 전도여행 이후에 기록된 것으로 봅니다. 갈라디아서는 절기, 음식 등에 관한 모세의 율법을 지키고 할례를 받아야만 구원을 받을 수 있다고 주장하는 유대 율법주의자들이 갈라디아 지방에 나타남에 따라 오직 예수 그리스도만이 구원의 길임을 알리고자 바울이 매우 강하고 격한 어조로 쓴 성경입니다. 이런 거짓교사들은 바울의 사도로서의 자격도 의심하게 만들어 갈라디아 지방에 있는 사람들을 복음으로부터 멀어지게 합니다. 이에 바울은 갈라디아서 초반부에 본인의 사도로서의 자격과 예수 그리스도 복음에 대해 갈라디아 교인들에게 먼저 이야기를 합니다.

갈라디아서의 핵심단어는 **은혜, 자유, 성령, 사랑**입니다. 하나님은 주 예수 그리스도를 믿는 이들에게 할례, 율법, 죄, 죽음으로부터 자유를 주셨습니다. 의롭다 인정도 해 주셨습니다. 이는 하나님의 은혜입니다. 그런데 이 자유는 뭐든지 할 수 있다는 뜻이 아니고 성령 안에서의 자유입니다. 따라서 이 자유는 상대편에 대한 배려, 유익, 사랑을 바탕으로 합니다. 장별로 구체적으로 살펴보겠습니다.

1장은 우리 죄를 위해 자기 몸을 주신 예수님, 거짓 복음을 전하는 자들에게 대한 경계, 바울 사도권에 대한 변호, 2장은 사람이 의롭게 됨은 율법과 할례로 인함이 아니요, 십자가에서 죽으신 우리 죄를 위해 대속하신 예수님을 믿는 믿음으로 의롭다 함을 인정받는 것입니다. 유명한 하나님의 말씀이 있습니다. 갈라디아서 2장 20절 **"내가 그리스도와 함께 십자가에 못 박혔나니 그런즉 이제는 내가 사는 것이 아니요 오직 내 안에 그리스도께서 사시는 것이라. 이제 내가 육체 가운데 사는 것은 나를 사랑하사 나를 위하여 자기 자신을 버리신 하나님의 아들을 믿는 믿음 안에서 사는 것이라."** 3장은 율법행위에 속한 자는 저주 아래에 있고 믿음에 속한 자는 그리스도 예수 안에서 하나님의 아들이 되었다고 말합니다. 4장은 그리스도인은 율법으로부터 자유 합니다. 주님이 주신 자유를 자기 유익의 기회로 삼지 말고 사랑으로 서로의 종이 되라고 가르칩니다. 5~6장은 성도의 자유, 성령, 사랑을 얘기합니다. 성도의 자유는 할례, 율법, 죄, 죽음으로부터의 자유입니다. 그러나 이 자유는 방종이 아니고 성령으로부터 얻은 자유입니다. 성령으로부터 얻은 자유는 배려, 유익, 사랑의 자유입니다. 5장 후반부에는 성령의 9가지 열매에 대해 이야기합니다. 사랑, 희락, 화평, 오래 참음, 자비, 양선, 충성, 온유, 절제입니다. 6장 14절에는 **"우리 주 예수 그리스도의 십자가 외에 결코 자랑할 것이 없으니"**라고 말합니다. 앞에서 언급하였듯이 갈라디아 지방의 교회들은 바울이 떠나고 나서 율법과 할례를 받아야 구원을 받는다고 주장하는 유대 율법주의자들, 즉 거짓교사들에 의해 교회 성도들이 많이 흔들리기 시작했습니다. 구원은 예수 그리스도를 믿음으로 하나님으로부터 받는 은사이며, 이를 통해 신앙의 자유를 얻는 것입니다. 따라서 이 자유는 성령으로부터 오는 자유입니다. 갈라디아서의 이름처럼 **'가라 자유를 줄게~'** 요렇게 외우면 주제를 잊지 않을 것입니다. 그러기에 믿는 자들에게는 성령의 열매가 열리는 것입니다. 바울은 거짓교사들에게 흔들리지 말도록 강한 어조로 갈라디아서를 씁니다. 바울은 갈라디아 교인들이 율법에서 자유 하여 예수 그리스도 안에서 성숙해가기를 바라고 있습니다. 또한 하나님께서 주신 자유로 자기의 유익을 구하지 않고 사랑으로 서로의 종이 되라고 말합니다. 바울은 복음의 핵심을 갈라디아서에서 말하고 있습니다. 우리는 오직 예수 그리스도를 믿음으로 구원을 받는데 이는 하나님의 강권적인 은혜입니다. 이를 통해 율법에서 자유 하며, 성령의 역사하심 속에 살게 되고, 사랑이라는 성령의 열매를 맺게 됩니다.

갈라디아서 2:20

내가 그리스도와 함께 십자가에 못 박혔나니 그런즉 이제는 내가 사는 것이 아니요 오직 내 안에 그리스도께서 사시는 것이라. 이제 내가 육체 가운데 사는 것은 나를 사랑하사 나를 위하여 자기 자신을 버리신 하나님의 아들을 믿는 믿음 안에서 사는 것이라

갈라디아서 5:22~23

오직 성령의 열매는 사랑과 희락과 화평과 오래 참음과 자비와 양선과 충성과 온유와 절제니 이 같은 것을 금지할 법이 없느니라

*** 신약의 갈라디아의 위치**

(출처: 기다리는 마음 네이버 블로그 공유자료)

에베소서

에베소서를 공부해 봅시다. 에베소서는 바울이 AD61~62년경 로마감옥에서 쓴 옥중서신 중 가장 먼저 쓴 편지입니다. 골로새서와 내용이 비슷한 면이 많습니다. 에베소교회는 바울이 2차 전도여행 때 브리스길라와 아굴라와 함께 세운 교회입니다. 또한 에베소교회는 3차 전도여행 때 바울이 거의 3년간 머물며 제자를 키운 곳으로 디모데가 사역하는 곳이기도 합니다. 디모데에게 교회가 무엇인지 알려주고자 합니다. 두기고 편에 에베소서를 로마에서 보냅니다. 1~3장은 교리에 대하여, 4~6장은 성도의 실제적인 생활에 대해 다루고 있습니다. 특별히 1장은 성부, 성자, 성령을 통한 영적 축복을, 2장은 구원론을, 3장은 교회론을 말하고 있습니다. 4장에서 6장은 교회를 통해 훈련받은 성도들이 마땅히 해야 할 바를 알려 줍니다

교회의 기초
성도의 지위
하나님의 경륜
그리스도와 교회
성도의 삶
가정의 삶
사회의 삶
하나님의 전신갑주

그리스도의 죽음과 부활로 인간은 죄 사함을 받았습니다. 그리스도는 교회의 머리요, 몸입니다. 그리스도를 통해 죄인 된 우리는 의롭다 칭함을 빋고 교회의 몸이신 그리스도의 지체가 되었습니다. 우리 성도의 지위를 높이셨습

니다. 하나님의 구속사적 역사하심에 헬라인이든, 유대인이든 구분이 없어졌습니다. 그리스도를 통해 교회는 하나가 되었습니다. 성령의 은사와 부활의 능력을 의지하여 성도들은 변화된 삶을 살아야 합니다. 가정에서나 사회에서나 하나님의 전신갑주를 입고 승리해야 합니다. 에베소서는 의미상 문장을 만들지 않았습니다. 단, 장절로 스토리를 알고 있어야 합니다. 장별 스토리를 이어서 전체 줄거리를 만들었습니다. 의미상 문장이 어려울 때는 성경 전체의 맥락을 이해하는 방법이 있습니다. 에베소서는 바울의 고난부터 시작하지 않습니다. 그리스도의 구원의 역사부터 시작합니다. 교회론과 성도의 삶으로 구분하여 이야기하고 있습니다.

에베소서 1:7

우리는 그리스도 안에서 그의 은혜의 풍성함을 따라 그의 피로 말미암아 속량 곧 죄사함을 받았느니라

에베소서 4:22~24

너희는 유혹의 욕심을 따라 썩어져 가는 구습을 따르는 옛 사람을 벗어 버리고 오직 너희의 심령이 새롭게 되어 하나님을 따라 의와 진리와 거룩함으로 지으심을 받은 새 사람을 입으라

에베소서 6:12

우리의 싸움은 혈과 육을 상대하는 것이 아니요 통치자들과 권세들과 이 어둠의 세상 주관자들과 하늘에 있는 악의 영들을 상대함이라

빌립보서

빌립보서를 봅시다. 빌립보서를 볼 때 **웃음보, 애기보** 두 가지를 꼭 생각합시다. 웃음보는 기쁘다는 뜻입니다. 빌립보는 기쁨이 편지의 많은 부분을 할애하고 있습니다. 애기보는 애를 보는 것이므로 에바브로디도를 생각해야 합니다. **애바브러~~**. 골로새교회에는 에바브로가 있습니다. 공교롭게도 이름이 비슷합니다. 빌립보에는 디도가 하나 더 있고, 골로새는 디도가 없습니다. 로마에서 에바브로디도가 병이 생겨 빌립보로 **디또**가 어려웠죠. 다행히 회복하고 돌아갑니다. 그래서 에바브로디도입니다. 에바브로디도는 빌립보교회의 사역자로 헌금을 모아 바울이 있는 로마로 갑니다. 바울은 고난 중에도 헌금을 갖고 온 에바브로디도 때문에 기쁘고 빌립보교회가 성장하고 있다는 생각이 들어 기쁩니다. 에바브로디도가 빌립보교회에 유오디아파와 순두게파가 나뉘어 싸움이 있음을 얘기합니다. 바울은 빌립보서를 통해 겸손히 낮아져 연합하라고 말합니다. 율법과 할례가 중요한 게 아니고 주님의 복음이 중요하다고 말합니다. 그래서 주님 안에서 기뻐하라고 말합니다. 빌립보를 생각할 때는 꼭 웃음보를 생각해야 합니다. 주님 안에서 기뻐하라는 것이 핵심 내용이기 때문입니다. 빌립보교회는 바울이 2차 전도여행 때 유럽으로 들어간 첫 전도지였고 옥에 갇히기도 했던 아픔이 있는 장소였습니다. 그러나 거기서 루디아, 점치는 여종, 간수의 가족들에게 복음을 전함으로써 빌립보교회가 탄생한 것입니다.

빌립보서 4:6~7

아무 것도 염려하지 말고 다만 모든 일에 기도와 간구로, 너희 구할 것을 감사함으로 하나님께 아뢰라 그리하면 모든 지각에 뛰어난 하나님의 평강이 그리스도 예수 안에서 너희 마음과 생각을 지키시리라

골로새서

골로새서를 봅시다. **골로새서는 에베소서와 비슷합니다.** 교회론과 실천이 에베소서라면 골로새서는 예수님과 실천입니다. 교회의 몸이 예수님이므로 유사합니다. 골로새교회는 바울이 한 번도 방문한 적이 없다고 합니다. 에베소에서 동쪽으로 약 160km 정도 떨어져 있고, 아마도 에베소교회의 영향을 받아 골로새교회가 세워졌지 않았나? 하고 신학자들은 추측합니다. 바울의 간접영향을 받고 세워진 교회라고 봅니다. 옥중서신의 하나이며, 에바브라가 골로새를 섬기다가 로마의 바울을 방문합니다. 골로새는 항상 **혼합사상철학**을 생각하십시오. 거기는 천사숭배, 영지주의, 율법주의, 신비주의, 공리주의, 금욕주의 등이 팽배했습니다. 예수님 한 분으로 충분하다고 말하시며 바울은 예수님은 어떤 분이신지 말합니다. 골로새교회에 빌레몬이라는 성도가 다니고 있었습니다. 빌레몬서의 주인공이며 종 오네시모의 주인입니다. 바울의 편지를 나르는 우체부 역할을 한 신실한 두기고도 언급합니다. 경상도 아줌마가 이렇게 말합니다. **"골로 간 저 새를 아따 가만 놔두기꼬."** 골로새서를 생각하면 두기고를 꼭 기억하십시오.

형, 교권이 바닥 이어 **비통**한데 비싼 **생모피만** 사고! 정말! **골로** 가겠어!

골로새서가 말하는 예수 그리스도입니다. 보이지 않는 하나님의 형상, 교회의 머리, 권세의 머리, 하나님의 비밀, 비밀의 영광, 통치자, 생명, 모든 피조물보다 먼저 난 자, 만유의 왕입니다. **골로새서는 교권을 생각하시기 바랍니다.** 그 예수님을 본받아 성도들에게 권면합니다. 아내들은 남편에게 복종하고, 남편들은 아내들을 사랑하고, 자녀들은 부모에게 순종하며, 아비들은 자녀들을 노엽게 하지 말며, 종들은 상전들에게 성실한 마음으로 순종하며, 상전들은 종에게 의와 공평을 베풀라고 말하고 있습니다. 부부, 부모와 자녀, 종과 상전을 생각하세요.

골로새서 3:23

무슨 일을 하든지 마음을 다하여 주께 하듯 하고 사람에게 하듯 하지 말라

데살로니가전서

데살로니가전서를 살펴보겠습니다. 데살로니가는 바울 2차 전도여행 때 3주간 머문 곳입니다. 유대인들에게 신변의 위협을 느끼고 고린도까지 피신합니다. 디모데를 통해 데살로니가교회에 대해 얘기를 듣고 데살로니가 전서를 씁니다. 성경교재마다 약간씩 다르기는 하지만 대략 AD51년경입니다. 1장에서는 감사인사, 2장은 바울의 수고, 격려와 칭찬, 3장은 바울의 변호, 4장은 성적순결, 신성한 노동, 예수재림 준비, 5장은 맺음말로 주의 날을 기대하며 항상 기뻐하라, 기도하라, 감사하라, 성도의 몸과 마음을 흠 없게 보전하라고 당부합니다.

데살로니가전서에는 지금 우리 성도들이 항상 듣는 귀에 익은 말씀들이 있습니다. 살전5:16~18 **"항상 기뻐하라, 쉬지 말고 기도하라, 범사에 감사하라. 이것이 그리스도 예수 안에서 너희를 향하신 하나님의 뜻이니라"** 살전5:22 **"악은 어떤 모양이라도 버리라"입니다.**

데살로니가서는 말 그대로 **"되살아나는 것"**이 주제입니다. 다시 오실 예수님, 즉 예수재림이 전체 내용 중에 집중해야 할 사건입니다. 데살로니가 사람들이 예수재림에 지나치게 몰입하여 역효과가 발생합니다. 그 일로 바울은 데살로니가후서를 쓰게 됩니다.

데살로니가전서 5:16~18
항상 기뻐하라 쉬지 말고 기도하라 범사에 감사하라 이것이 그리스도 예수 안에서 너희를 향하신 하나님의 뜻이니라

데살로니가후서

데살로니가후서를 공부합시다. 여기도 전서와 같이 데살로니가라는 말처럼 **되살아나는 것**이 현안입니다. 그런데 의미상 예수부활로 생각할 수 있는데 다시 오실 예수, 즉 예수재림으로 생각하고 외우면 좋겠습니다. 데살로니가전서에서 언급한 예수재림에 대해 거짓교사가 나타나고 경거망동한 성도들은 일상생활을 포기하거나 게으름을 피우는 일이 발생합니다. 이 때문에 다시 후서를 쓰게 됩니다. AD51년 후반기에서 AD52년 초반에 기록된 것으로 추정됩니다.

데살로니가후서 1장은 감사인사와 함께 환난과 박해를 이기는 성도에겐 하나님 나라에 합당한 자이고 복음에 불순종은 형벌이 있음을 말합니다. 2장은 예수재림, 거짓교사들 심판, 성령믿음의 구원을 이야기합니다. 3장은 인내와 성실한 노동, 성도의 순종을 이야기하고 끝인사로 마칩니다. 일을 통해 땀을 흘리는 일은 하나님께서 인간들에게 주신 의무이자 고귀한 권리입니다. 데살로니가전·후서는 꼭 예수재림에 대한 오해로 데살로니가 성도들이 오해를 갖게 되고, 그로 인한 바울의 당부와 부탁의 편지라는 것을 꼭 기억해주시기 바랍니다.

데살로니가후서 3:3

주는 미쁘사 너희를 굳건하게 하시고 악한 자에게서 지키시리라

디모데전서, 디모데후서, 디도서

디모데전서, 디모데후서, 디도서는 에베소의 디모데와 그레데의 디도에게 보내는 목회서신입니다. 디모데는 바울이 1차 전도여행 때 루스드라를 방문하면서 첫 만남이 이루어집니다. 디모데의 어머니 유니게도 바울을 만납니다. 이 둘은 그리스도인으로 개종합니다. 그리고 7년이 지난 후 바울의 2차 전도여행 때 루스드라에서 디모데를 또 만납니다. 이때부터 디모데는 바울의 동역자가 됩니다. 목회서신은 예배에 대해서 언급하고 거짓교사를 경계하며 교회 안의 다양한 사람들 대응하는 방법, 지도자로서 목회자로서의 자격을 편지에 쓰고 있습니다. 바울이 로마감옥에서 풀려나서 쓴 편지라고 말입니다. AD64년에 로마대화재가 일어나 네로황제가 유대인을 핍박하고 AD67년에 바울은 순교합니다. 바울의 마지막 당부는 딤후1:8 **"복음과 함께 고난을 받으라"**입니다.

디모데전서 6:10
돈을 사랑함이 일만 악의 뿌리가 되나니 이것을 탐내는 자들은 미혹을 받아 믿음에서 떠나 많은 근심으로써 자기를 찔렀도다

디모데후서 3:16
모든 성경은 하나님의 감동으로 된 것으로 교훈과 책망과 바르게 함과 의로 교육하기에 유익하니

디모데후서 4:8	하나님의 속성 - 공의로우심

이제 후로는 나를 위하여 의의 면류관이 예비되었으므로 주 곧 의로우신 재판장이 그날에 내게 주실 것이며 내게만 아니라 주의 나타나심을 사모하는 모든 자에게도 니라

디도서 3:2	

아무도 비방하지 말며 다투지 말며 관용하며 범사에 온유함을 모든 사람에게 나타낼 것을 기억하게 하라

빌레몬서

빌레몬서입니다. 빌레몬은 골로새교회의 성도입니다. 바울의 친구라고 표현한 책도 있습니다(《핸리에타 미어즈의 핵심성경》, 두란노서원). 또한 빌레몬은 에베소 두란노서원에서 바울이 가르친 제자 중 한 사람이라고도 합니다. 빌레몬서에서는 **오네시모**를 꼭 기억해야 합니다. 빌레몬에서 도망쳐 나온 빌레몬의 종인 오네시모가 로마의 바울을 찾아갑니다. 거기서 주님을 영접하고 다시 두기고 편에 오네시모를 빌레몬에게 보내며 바울이 쓴 편지가 빌레몬서입니다. 이때 두기고 편에 골로새서도 같이 골로새교회에 보냅니다. 바울이 오네시모를 아들이라고 표현함으로써 빌레몬이 오네시모를 예수님 안에서 형제로, 동역자로 용서하고 받아줍니다. 후에 오네시모는 훌륭한 지도자가 되었다는 말이 있습니다. 바울은 오네시모가 진 빚을 대신 갚아 준다고 말합니다. 우리의 죄를 대속하고 죄의 짐을 대신 져 주실 이는 예수님밖에 없습니다. 빌레몬서를 읽으며 예수님의 대속의 사랑을 느껴보세요. 특별히 빌레몬서에서는 암기할 문장이 없습니다. 그래도 한번 만들어 보았습니다.

오네시모가 빌레몬에게 잘못했다고 **빌려고 오네!**
골골하고 빌빌한 애들은 **두고 가!**

'빌려고 오네'로 외우시면 됩니다. 즉, 빌레몬과 오네시모입니다. 골골은 골로새서, 빌빌은 빌레몬서, 두고 가는 두기고입니다. 골로새서와 빌레몬서는 골로새교회와 관련이 있습니다.

빌레몬서 1:6

이로써 네 믿음의 교제가 우리 가운데 있는 선을 알게 하고 그리스도께 이르도록 역사하느니라

빌레몬서 1:7

형제여 성도들의 마음이 너로 말미암아 평안함을 얻었으니 내가 너의 사랑으로 많은 기쁨과 위로를 받았노라

쉬어 가는 코너 - 선교적인 삶

신약성경 사복음서의 내용을 보면 예수님은 철저히 선교적 삶을 사셨고, 그의 제자들도 마찬가지로 선교적인 삶을 살다가 거의 대부분 순교하였습니다. 우리의 삶의 목표와 방향이 예수님을 닮아가는 것이라면 우리의 삶의 모습은 선교적인 삶의 모습을 따라가야 할 것입니다. 선교라 함은 무조건 외국으로 나가서 복음을 전파하는 것으로 생각하기 쉬우나 한국전문인선교훈련원의 전문 강사로 활동하고 있는 방선오 장로의 일터행전이라는 책을 보면 우리의 일터도 충분히 우리의 선교지가 될 수 있습니다. 일터행전에서 이야기하는 것처럼 다니엘과 같은 하나님 백성으로서의 확실한 정체성과 이웃을 섬김으로서 주님을 믿지 않는 사람들과의 자연스러운 융화, 이를 통한 선한 영향력을 주위에 발한다면 일터에서도 충분히 선교사가 될 수 있습니다.

그렇지만 선교라 함은 타국에서 하나님의 말씀을 선포하고 타 민족을 제자 삼는 것이 전형적인 모습이기도 합니다. 마태복음 28장 19절~20절에서 "그러므로 너희는 가서 모든 민족을 제자로 삼아 아버지와 아들과 성령의 이름으로 세례를 베풀고 내가 너희에게 분부한 모든 것을 가르쳐 지키게 하라 볼지어다 내가 세상 끝날 때까지 너희와 항상 함께 있으리라 하시니라"라고 기록하고 있습니다. 모든 민족을 제자삼아라고 하고 있습니다. 따라서 선교는 국내에 들어온 외국인에 대한 선교와 타국에 있는 타 민족에 대한 선교로 크게 나누어 볼 수 있습니다. 타 민족, 종족을 제자 삼아야 한다면 당연히 선교를 하는 우리는 제자이어야만 합니다. 제자가 된다는 것은 우리의 모든 삶의 영역이 주님을 향하고 있어야만 합니다. 제자는 가르쳐 지키게 하는 미션이 있습니다. 가르쳐 지키게 하려면 타문화에 이해와 타 민족, 타국의 사람들과의 우호적인 관계망이 형성되어야 합니다. 그래서 실제 외국에서 선교할 때 선교사들은 대학교 교수나 기타 직업을 갖고 들어가서 주변 사람들과의 관계망을 형성하고 점차적으로 전도하는 경우가 있습니다. 또는 선교지로 유학을 가는 경우도 있습니다. 우리나라에 들어온 외국인들의 경우는 교회, 직장, 동아리 모임 등에서 자연스럽게 다가갈 수 있습니다. 우리가 어떤 모임에 발을 디딜 때 내가 아주 존경하는 분이 그 모임에 있다면 자신 있게 그 모임에 동참할 수 있듯이 선교는 선교를 친절하게 안내하는 멘토를 만나는 것도 매우 중요합니다. 값진 정보를 멘토를 통해 받는 것은 개인적인 선교의 방향을 조율하고 조정하는데 매우 큰 영향력을 갖습니다. 멘토가 만일 선교사라면 금상첨화이겠지요. 선교는 어찌되었든 복음을 전하는 것이기에 전도훈련은 기본입니다. 매일 말씀묵상, 일대일 전도, 전도폭발, 사영리 등등 기본적인 전도훈련을 받아야 합니다.

본인은 2008년부터 2017년까지 약 10년간 캄보디아 어린이선교를 한 적이 있습니다. 수도 프놈펜에서 남부 쪽으로 약 60km떨어진 작은 농촌 지역이었는데 어린이들이 참 많았습니다. 본인이 출석하는 교회와 연합한 어느 선교사님이 섬기시는 교회에서 겨울성경학교를 어린이들과 함께 운영하였습니다. 본인은 교회에서 대학생, 중고등부 학생, 일반 평신도로 구성된 단원 약 20명을 모집하여 선교단을 꾸려 매년 한곳에서만 선교를 하였습니다. 캄보디아라는 나라에서 오직 한 곳만을 집중적으로 선교를 한 것입니다. 캄보디아는 크메르어를 사용하고 국민의 95%가 불교를 믿습니다. 선교는 기본적으로 국가단위가 아닌 종족단위로 하기 때문에 한 지역의 한 종족만을 매년 만나서 복음을 전한 것입니다. 전 세계에는 약 18,000개의 종족이 있다고 합니다. 가능한 복음을 한 번도 들어본 적이 없는 곳에 가서 선교를 해야만 마태복음 28장 19절의 말씀이 현실화될 수 있습니다. 아이들에게 영어성경을 가르치기 위해 캄보디아어를 열심히 공부했던 기억이 납니다. 안녕하세요는 쫌립쑤어, 헤어질 때는 쫌립리어, 죄송합니다는 쏨또, 감사합니다는 어꾼, 이름이 뭐예요는 츠무어 어와이, 네 이름은 철수입니다는 크놈 츠무어 철수, 몇 살이예요는 아유 뽄만, 얼마예요는 틀라이 뽄만 등등 열심히 공부했던 기억이 나네요.

내가 원하는 선교지가 있다면 사전에 그쪽으로 여행을 다녀오는 것도 방법입니다. 비전트립을 가는 경우도 좋습니다. 국내 단기선교 프로그램에 참가하여 단기선교사가 될 수도 있고 선교협회나 교회에서 파견한 장기 선교사가 될 수도 있습니다. 국내에는 GMTC, GPTI, WMTC, 미션파트너스, 선교훈련원 등 다양한 단체들이 있습니다. 각 교회들은 대부분 선교위원회, 선교부 등을 두고 국내 및 해외 선교를 꾸준히 하고 있습니다. 본인이 출석하는 대덕교회는 영미권, 중국인 등 외국인들을 섬기는 다양한 열방예배부가 있습니다. 교회로 외국인 근로자들을 초청하고 자연스럽게 섬기고 전도함으로써 그들이 본국으로 돌아갔을 때 하나님 말씀의 파수꾼으로 쓰임을 받게 됩니다. 선교적인 삶이란 나의 삶의 모든 영역의 주인이 주님임을 고백하고 주님이 말씀하신 것을 따르고 순종하는 삶이기에 때론 십자가의 고난과 시련의 길이기도 하지만 동시에 주님과 동행하는 행복의 여정이라고도 볼 수 있습니다.

히브리서

공동서신 또는 일반서신은 8개이며 히브리서, 야고보서, 베드로전후서, 요한1, 2, 3서, 유다서입니다. 마지막으로 예언서는 요한계시록입니다. 유행가 가사에 **희(히)야 날 좀 바라봐** 라는 가사를 생각하면 까먹지 않습니다. 히브리서, 야고보서로 시작하니까 **희(히)야 날 좀 바라봐~~** 공동서신은 AD64년 로마대화재를 꼭 기억해야 합니다. 로마 네로황제는 기독교인들이 화재의 주범이라며 기독교박해를 시작합니다. 이를 통해 기독교인들은 유대교로부터 배교, 로마박해와 핍박이 시작됩니다. 선한 싸움에 대한 권면과 격려가 공동서신의 줄거리입니다. 히브리서는 율법, 제사 등 구약에 능통한 자가 유대교에 익숙한 자에게 보낸 설교문적 서신서입니다. 신약성경 중 가장 많은 구약(시편)을 인용하고 있습니다. 기록시기는 AD70년 예루살렘 성전 파괴 이전으로 봅니다. 히브리서는 유대교로의 배교를 막고 권면을 위하여 **구약과 예수님의 비교, 믿음에 대해 이야기합니다.** 구약과 예수님의 비교 암기방법은 다음과 같습니다.

선천모여 언성제재(제)

선천에 모이는 여러 사람 중 언성 높이는 자 제재(제)하겠다는 뜻입니다. 선지자와 예수님, 천사와 예수님, 모세와 예수님, 여호수아와 예수님, 언약과 예수님, 성전과 예수님, 제사장과 예수님, 제사와 예수님을 비교하는데, 모두 예수님만 있으면 다른 것은 모두 해결됨을 얘기하며 기독교의 우월성, 예수님의 절대 주권을 말하고 있습니다. 선지자는 말씀의 완성자가 아니지만 예수님은 말씀의 완성자이고, 구약의 제사는 절기 때마다 드리지만 예수님은 십자가사건으로 단 한 번에 인간의 죄를 속하는 제사를 드렸습니다. 예수님이 말하십니다. **선천모여 언성제재(제)~** 히브리서에서 매우 중요한 부분은 예수님의 대제사장직에 관한 부분입니다. 멜기세덱은 구약의 아론 혈통의 제사장이 아닌, 하나님께서 직접 부르신 대제사장으로 완전하고 영원하신 예수 그리스도의 예표가 됩니다. 히브리서 11~13장은 믿음, 소망, 사랑에 대해서 말하고 있습니다. 고린도전서 13장을 보는 것과 같습니다. 고전 13장을 볼 때 항상 히브리서 11~13장을 같이 생각하시기 바랍니다. 오래 기억하는 방법입니다. 11장은 아벨, 에녹, 노아, 아브라함, 모세, 기생 라합을 예로 들며 믿음의 능력에 대해서, 12장은 어려움을 참고 견디어 내야 함을 말하며 소망의 인내를, 13장은 오직 선을 행함과 서로 나누어 주기를 잊지 말라 하며 사랑의 권면에 대해서 이야기하고 있습니다.

히브리서 11:1
믿음은 바라는 것들의 실상이요 보이지 않는 것들의 증거니

히브리서 11:6
믿음이 없이는 하나님을 기쁘시게 하지 못하나니 하나님께 나가는 자는 반드시 그가 계신 것과 또한 그가 자기를 찾는 자들에게 상 주시는 이심을 믿어야 할지니라

히브리서 13:16
오직 선을 행함과 서로 나누어 주기를 잊지 말라 하나님은 이같은 제사를 기뻐하시느니라

야고보서

야고보서의 저자 야고보는 예루살렘 교회의 지도자입니다. 저자는 예수님의 친동생인 야고보 사도이며, 사도행전 15장을 보면 예루살렘 교회에서 매우 존경받는 인물이었습니다. 야고보서는 **행위**의 중요성을 말하고 있으며, 소아시아에 흩어져 있던 유대인 12지파 개종자들에게 쓴 편지입니다. 암송하는 방법입니다.

지혜는 **공인**이지만 **정결**하지 못한 **행위**로 **순경(순겸)**에게 잡혀갔다.

야고보서에서 강조하는 지혜, 공정, 인내(고난, 시련), 정결, 행위, 순종, 겸손 7가지를 암송하는 방법입니다. 하나님께서 모든 이에게 후히 주시는 지혜, 공정하게 사람을 대하고 고난, 질병과 시련을 인내하며 세상과 벗하지 말고 정결하며 아브라함과 라합처럼 행동으로 옮기고 하나님께 순종하며 항상 겸손하자는 게 야고보 사도의 7가지 권면입니다.

상기 7가지를 믿는 자들이 명심하라고 말하고 있습니다. 상기 7가지를 암송할 때 꼭 기억해야 하는 것은 **'지혜**는 **공인'**입니다. 야고보서가 나오면 무조건 **지혜**와 **공인**을 기억해야 합니다. 그래야 기억의 물꼬를 틀 수 있습니다. 그리고 인내에는 고난, 질병, 시련으로부터 인내가 있다는 것을 기억해야 합니다. 상기 야고보서에서 말하는 7가지를 사모하며 새로운 모습으로 거듭나는 길은 오직 예수 그리스도밖에는 없습니다. 참고로 성경에는 4명의 야고보가 나옵니다. 예수님의 제자 유다(가룟유다 아님)의 아버지 야고보(눅6:16), 알패오의 아들이녀 예수님의 제자인 야고보(마10:3), 세베대의 아들이며 예수님의 제자인 야고보(마4:21), 본 야고보서의 저자이며 예수님의 동생인 야고보(행15:13)입니다. 알패오의 아들 야고보를 작은 야고보라고 합니다. 야고보서 2장 17절과 2장 26절에서 행함이 없는 믿음은 죽은 것이라 말하고 있습니다. 바울은 오직 믿음으로 구원을 받는다고 했는데, 그럼 야고보서의 말씀과는 서로 반하는 게 아닌가 생각이 들 수 있습니다. 믿음과 행위는 상호 보완적이라고 말할 수 있습니다. 믿음은 구원의 본질이라면 행위는 구원받은 사람의 열매입니다. 2장 22절에서 "믿음이 그의 행함과 함께 일하고 행함으로 믿음이 온전하게 되었느니라"라고 말하고 있습니다.

야고보서에는 성도님들이 익히 들은 유명한 성경구절이 많습니다. 1장 5절, 1장 12절, 1장 15절, 1장 19절, 1장 27절, 2장 26절, 3장 17절, 5장 13절, 5장 15절 등입니다. 야고보가 예루살렘의 존경받는 지도자임을 성경을 통해 알 수 있습니다. 야고보서는 지혜와 공인을 꼭 기억해야 합니다. 야고보 사도에게는 두 사람이 있습니다. 바로 지혜와 공인입니다.

야고보서 1:12

시험을 참는 자는 복이 있나니 이는 시련을 견디어 낸 자가 주께서 자기를 사랑하는 자들에게 약속하신 생명의 면류관을 얻을 것이기 때문이라

야고보서 1:27

하나님 아버지 앞에서 정결하고 더러움이 없는 경건은 곧 고아와 과부를 그 환난 중에 돌보고 또 자기를 지켜 세속에 물들지 아니하는 그것이니라

베드로전서

공동서신 중 베드로전서는 성도의 정체성, 성도의 의무, 성도의 고난을 말합니다. AD64년 로마황제 네로가 로마화재의 책임을 그리스도인들에게 돌리면서 박해와 시련이 더 심해졌습니다. 특별히 다섯 번이나 고난에 대해 언급하며 고난을 기뻐하고 즐거워하며 하나님께 영광을 돌리라고 말하고 있습니다. 박해와 핍박받는 믿는 자들에게 위로와 격려를 위해 베드로가 4가지를 권면합니다. 조병호 박사의 통성경 길라잡이에서 일부 내용을 발췌하였습니다.

양무리의 본이 되라. 예수 그리스도처럼
말에 실수가 없도록 해라
선한 모범을 보이라
사랑하라 뜨겁게 서로 사랑하라

상기 4가지를 **양말선사**로 표현합니다. 베드로가 고군분투하는 믿는 자들에게 양말을 사주고 싶을 겁니다. 열심히 전도하다가 보면 양말이 너덜너덜해집니다. 베드로사도는 **양말선사**, 즉 양 무리의 본이 되고, 말조심하고, 선한 모범을 보이고, 하나님과 이웃을 사랑하라고 권면합니다. 베드로의 이 네 가지 권면은 이 시대에 꼭 필요한 말인 것 같습니다. 이 네 가지만 되면 정치, 사회, 국방, 경제, 종교 등 모든 게 해결될 것 같습니다. **양말선사! 양말선사!**

베드로전서 2:9

그러나 너희는 택하신 족속이요 왕같은 제사장이요 거룩한 나라요 그의 소유가 된 백성이니 이는 너희를 어두운 데서 불러내어 그의 기이한 빛에 들어가게 하신 이의 아름다운 덕을 선포하게 하려 하심이라

베드로전서 3:15

너희 마음에 그리스도를 주로 삼아 거룩하게 하고 너희 속에 있는 소망에 관한 이유를 묻는 자에게는 대답할 것을 항상 준비하되 온유와 두려움으로 하고

베드로전서 3:18

그리스도께서도 단번에 죄를 위하여 죽으사 의인으로서 불의한 자를 대신하셨으니 아는 우리를 하나님 앞으로 인도하려 하심이라 육체로는 죽임을 당하시고 영으로는 살리심을 받으셨으니

베드로전서 4:8

무엇보다도 뜨겁게 서로 사랑할지니 사랑은 허다한 죄를 덮느니라

베드로전서 5:7

너희 염려를 다 주께 맡기라 이는 그가 너희를 돌보심이라

베드로후서, 요한1, 2, 3서, 유다서

공동서신 중 베드로후서는 영적성장, 예수님의 재림, 거짓교사를 경계하라가 전체 줄거리이며, 요한1서는 하나님의 사랑과 실천의 중요성을, 요한2서도 거짓교사 경계, 요한3서는 경건하면서 사도와 성도들에게 후한 대접을 한 가이오와 데메드리오를 칭찬하고 있습니다. 유다서도 거짓교사를 경계하라고 합니다. 심한 박해와 핍박이 있으면 꼭 예수복음을 의심하는 자들이 나타나고 잘못된 가르침을 주는 자들이 나타나죠. 베드로후서, 요한2서, 유다서가 공통으로 거짓교사를 경계하라고 말하고 있습니다. 거짓교사들의 특징은 원망하고 불평하며, 정욕대로 행하며, 아첨하고 교만합니다. 우리 주위에 거짓교사는 없는지 잘 살펴보아야 합니다. 거짓교사 내용이 있는 성경 암송하는 방법입니다.

요한이가 유다 배후(베후)에 거짓교사가 있다고 말했다. 요렇게 외우면 잊어버리지 않을 겁니다.

부가적으로 요한1서와 유다서를 설명하고자 합니다. 요한1서의 기록의 4가지 목적이 중요합니다. 아래와 같습니다. **기죄영영~ 기죄영영~**

기쁨이 충만하게 하기 위함.
죄를 범치 않게 하기 위함.
영지주의 같은 이단에 미혹 받지 않기 위함.
영생의 중요성을 알게 하기 위함.

유다서의 저자는 예수님의 형제인 유다입니다. 유다서는 교회와 성도의 현실적인 문제점(거짓교사, 예수님 부인, 성령부재 등)을 영적인 부분과 연관 지어 설명합니다. 교회에 박해가 심하면 필히 배교하는 성도들이 나타납니다. 이 배교에는 거짓교사들이 큰 몫을 담당합니다. 성경에서는 이들을 예수님을 부인하고 하나님의 은혜를 방탕으로 만든다고 말합니다. 출애굽 이후에도 믿지 않는 자들은 심판을 받았듯이, 자기 위치를 지키지 못한 천사들도 심판을 받았듯이, 소돔과 고모라가 불의 심판을 받았듯이, 이성 없이 짐승같이 본능으로 행동하는 이들이 멸망을 당했듯이 거짓교사들은 멸망한다 말하고 있습니다. 동생을 죽인 가인이(창 4장), 불의의 삯을 탐하였던 문제로 발람이(민 22장), 모세의 권위에 도전한 고라가 패역하여 멸망하였듯이(민 16장) 거짓교사들이 멸망한다고 말합니다. 유다가 거짓교사들은 **밟(발)고 가**야 합니다. 그래야 멸망합니다. **유다야! 거짓교사를 밟(발)고 가! 밟(발)고 가!** 발람, 고라, 가인입니다. 외우는 방법입니다. 이들은 분열을 조장하고 육에 속한 자들이며 성령이 없다고 말합니다. 여러 교회들에게 거룩한 믿음을 지키고 성령으로 기도하며 예수님의 긍휼을 기다리라고 말합니다. 거짓교사에 미혹된 자들을 도와 주님께로 인도하고 거짓교사들을 배척해야 함을 권면하고 있습니다. 요한2서, 요한3서, 유다서 모두 한 장으로 구성되어 있습니다. 베드로후서는 3장, 요한1서는 5장으로 구성되어 있습니다.

베드로후서 3:17~18

그러므로 사랑하는 자들아 너희가 이것을 미리 알았은즉 무법한 자들의 미혹에 이끌려 너희가 굳센 데서 떨어질까 삼가라. 오직 우리 주 곧 구주 예수 그리스도의 은혜와 그를 아는 지식에서 자라 가라 영광이 이제와 영원한 날까지 그에게 있을지어다

요한일서 4:8	하나님의 속성 - 사랑
사랑하지 아니하는 자는 하나님을 알지 못하나니 이는 하나님은 사랑이심이라	

요한이서 1:6	
또 사랑은 이것이니 우리가 그 계명을 따라 행하는 것이요 계명은 이것이니 너희가 처음부터 들은 바와 같이 그 가운데서 행하라 하심이라	

유다서 1:21	
하나님의 사랑 안에서 자신을 지키며 영생에 이르도록 우리 주 예수 그리스도의 긍휼을 기다리라	

공동서신 요약

성경	기록시기	저자	주요내용(뼈대)	암송방법
히브리서	AD70년 전	미상	• 탁월하신 예수님 (히1장~4장13절) • 대제사장 예수님 (히4장14절~10장18절) • 믿음의 대상 예수님 (히10장19절~13장)	• 선천모여 언성제재(제) - 구약과 예수님 비교, 예수님 한 분으로 충분함.
야고보서	AD60 ~62 년경	야고보	• 고난(약1장1절~18절) • 행하는 믿음 (약1장19절~5장6절) • 승리하는 믿음 (약5장7절~5장20절)	• 지혜는 공인이지만 정결하지 못한 행위로 순경(순겸)에게 잡혀갔다.
베드로전서	AD64년 근방	베드로	• 성도의 구원과 성결 (벧전1장1절~2장12절) • 성도의 의무 (벧전2장13절~3장12절) • 성도의 고난 (벧전3장13절~5장11절)	• 양말선사 - 베드로의 박해받는 성도들을 향한 4가지 권면
베드로후서	AD66 ~67년경	베드로	• 성도의 덕목 (벧후1장1절~1장21절) • 이단의 경고 (벧후2장1절~2장22절) • 재림의 약속 (벧후3장1절~3장18절)	• 요한이가 유다 배후(베후)에 거짓교사가 있다고 말했다. - 거짓교사 경계

성경	기록시기	저자	주요내용(뼈대)	암송방법
요한 1서	AD90 ~95년경	요한	• 하나님과 사귐 (요1서1장1절~2장17절) • 이단경계 (요1서2장18~2장29절) • 사랑을 실천하라 (요1서3장1절~4장21절) • 마직막 권면 (요1서5장1절~5장21절)	• 기죄영영 - 요한1서 기록의 목적, 즉 기쁨 충만, 죄에서 해방, 영지주의 이단 경계, 영생의 중요성 깨달음
요한 2서	AD90 ~95년경	요한	• 계명을 실천하라 • 이단을 경계하라	• 베드로후서와 동일
요한 3서	AD90 ~95년경	요한	• 가이오를 칭찬함. (요3서1장1절~1장8절) • 데메드리오 책망/추천 (요3서1장9절~1장15절)	• 이야기식
유다서	AD70 ~80년경	유다	• 거짓교사에게 경고 (유1장1절~1장16절) • 성도에 대한 권면 (유1장17절~1장25절)	• 베드로후서와 동일

요한계시록

사도 요한은 유배지 밧모섬에서 하나님께서 보여주신 환상과 꿈을 소아시아 일곱 교회에 전하며 그들을 격려, 위로하고자 요한계시록을 기록하였습니다. 요한계시록의 기록 시기는 AD95~96년이며, 로마황제 도미티아누스(AD86~96년)가 교회를 심하게 박해하던 시기입니다. 계시록의 과거는 1장, 현재는 2~3장, 미래의 일은 4~22장입니다. 2~3장에선 소아시아에 있는 일곱 교회에 대한 칭찬과 질책을 다룹니다. 일곱 교회의 장단점을 이해한다면 올바른 건강한 교회가 어떤 교회인지 알 수 있습니다. 일곱 교회를 암송하는 방법을 알려드립니다.

사빌 서버에 두라

회사의 비밀은 PC 서버에 두라는 뜻입니다. 사데, 빌라델피아, 서머나, 버가모, 에베소, 두아디라, 라오디게아 교회를 뜻합니다. 에베소교회는 수고와 인내 등 모범적인 교회였으나 처음 사랑이 식어버린 교회입니다. 버가모교회는 이방종교의 제의들이 많았고 니골라 당의 교훈에 빠져버린 교회입니다. 더욱 신실한 믿음이 필요한 교회입니다. **서머나교회**에는 죽도록 충성을 요구하며 생명의 면류관을 약속하십니다. 말씀을 지키며 배반치 않았던 **빌라델피아교회**를 칭찬합니다. 두아디라교회는 우상숭배와 부도덕을 허용한 교회입니다. 믿음의 행위를 찾지 못했던 죽은 교회가 사데교회입니다. 미지근한 신앙상태에 머물러 있는 교회가 라오디게아입니다. 칭찬받는 교회도 책망 받는 교회도 있습니다. 계시록 3장 22절에 **"귀 있는 자는 성령이 교회들에게 하시는 말씀을 들을 지어다"**라고 말합니다. 하나님은 성령의 권면을 통해 우리 모두를 승리케 하시고자 책망도 하시고 징계도 하심을 믿어야 합니다. 종말론적 신앙은 현재의 고난, 고통, 어려움, 박해, 아픔 등을 극복하는 하나님의 축복이자 선물입니다. 요한계시록 4~20장은 이 땅에 내릴 재앙을 보여 줍니다. 일곱 봉인, 일곱 나팔, 일곱 대접, 모두 하나님이 내리실 큰 재앙입니다. 이 중 일곱 봉인은 어린양, 즉 하늘보좌에 앉으시고 네 생물과 24장로들로부터 찬양을 받으시는 예수님이 떼시어 심판을 부르는 재앙과 거대한 환난이 오게 됩니다. 암기방법을 아래와 같이 공유합니다.

전내기역박천재 → 전체를 아는 **내 기역(억)**은 **박**사 **천재** 수준이다.

전쟁, 내란, 기근, 역병, 박해, 천재지변의 재앙을 말합니다. 여섯 번째 봉인과 일곱 번째 봉인 사이에 하나님의 백성들의 이마에 인을 찍는 준비가 한창입니다. 인침을 받은 자들은 하나님으로부터 구별된 자들입니다. 일곱 번째 인이 떼어지자 강력한 죽음의 재앙이 펼쳐지고 일곱 나팔로 이어져 준비된 천사들이 일곱 나팔을 부니 세상에는 또 다른 재앙이 불어닥칩니다. 일곱 나팔과 일곱 대접도 큰 재앙입니다. 6장에 일곱 봉인은 일곱인데 여섯 가지 재앙과 일곱 번째 인을 떼면서 일곱 나팔 재앙이 시작됩니다. 암송방법은 **흰붉검/청순지**입니다. 흰말, 붉은말, 검은말, 청황색말, 순교자, 대지진을 뜻합니다. 8~11장에 일곱 나팔이 나오는데 여섯 가지 재앙과 일곱 번째 나팔을 불 때 일곱 대접의 재앙이 시작합니다. 암송방법은 **땅바강해/무유**입니다. 땅, 바다, 강, 해, 무저갱, 유브라데를 의미합니다. 16장에 일곱 대접은 **땅바강해/왕유공**입니다. 땅, 바다, 강, 해, 짐승의 왕좌, 유브라데, 공중을 뜻합니다. 일곱 봉인, 일곱 나팔, 일곱 대접들은 주로 불, 피, 우박, 지진, 별이 떨어지는 재앙들입니다. 구체적인 내용은 복음주의 목회자님들의 설교와 주석을 통해 학습하시기 바랍니다. 계시록 12장에 하나님의 대적자도 나타납니다. 용과 두 짐승, 그러나 아마겟돈전쟁 후 예수님은 천 년간 악의 무리를 결박하고 새천년을 맞이합니다. 이러한 환난 속에서 성도들이 지켜야 할 것은 인내와 믿음의 순결,

세상과 구별된 정결한 생활입니다. 계시록 21:5 **"내가 만물을 새롭게 하노라"** 라고 말합니다. 계시록 21~22장은 하나님이 주관하시는 새 하늘과 새 땅을 말하고 계시록은 끝납니다. 요한계시록은 다니엘서와 내용이 연결됩니다.

요한계시록 19:6	하나님의 속성 - 전능하심
또 내가 들으니 허다한 무리의 음성과도 같고 많은 물소리와도 같고 큰 우렛소리와도 같은 소리로 이르되 할렐루야 주 우리 하나님 곧 전능하신 이가 통치하시도다	

요한계시록 22:13
나는 알파와 오메가요 처음과 마지막이요 시작과 마침이라

*** 요한계시록 7개 초대교회와 밧모섬의 위치**

(출처: 기다리는 마음 네이버 블로그 공유자료)

책을 나가며

본인은 성경을 전문적으로 연구하는 학자도 아니고 신학교에서 신학을 전공한 자도 아닌 평신도입니다. 우리는 평신도라 함은 항상 뭔가를 배워야 한다는 선입감이 있습니다. 그러나 예수님은 마태복음 28장 19~20절에서 **모든 민족을 제자 삼아 성령의 이름으로 세례를 베풀고 예수님이 분부한 모든 것을 가르쳐 지키게 하라고 명령하셨습니다.** 가르치는 제자로서 우리는 성장해야 할 의무가 있습니다. 그러기에 항상 성경을 배우는 입장인 수동적인 학습자에서 벗어나서 하나님의 말씀을 어떻게 하면 내 삶의 전부로 바꿀지 고민하고 노력해야 합니다. 본인은 평신도 성경 학습자에서 가르치는 제자로 성장하기 위해 매년마다 반복되는 성경공부의 학습효율을 높이는 방법은 없을까? 배운 성경말씀을 오래오래 기억하는 방법은 없을까? 고민 끝에 여러 성경학습교재를 참고하여 《**첫 글자를 알면 성경이 보인다**》를 고안해 낸 것입니다. 뼈대가 되는 내용들의 앞 글자만으로 문장을 만들어 오래오래 기억하는 방법을 만들었습니다.

성경을 공부하던 중, 시중에 나와 있는 교재들은 성경 본문 해석과 기록 연대 등 약간씩 차이가 있음을 알았습니다. 따라서 어떤 한 교재만을 기준이 되는 참고교재로 삼을 수는 없기에 복음주의 목회자나 신학교 교수들이 쓰신 교재나, 여러 정평이 나 있는 교재들을 비교 참고하였습니다. 조병호 박사님의 통성경 시리즈, 《통박사 조병호의 성경과 5대 제국》, 《통박사 조병호의 신구약 중간사》, 《통박사 조병호의 와우! 예레미야 70년》, 이애실 사모님의 《어? 성경이 읽어지네!》, 류모세 목사님의 《역사 드라마로 읽는 성경》, 《열린다 성경 - 싱전이야기》, 박광석 목사님의 《요점 성경 공부》, 고은주 목사님의 《Step-by-Step 성경여행: 신약》, 이스라엘 역사분야의 세계적 권위자인 존 브라이트의 《이스라엘 역사》, 유대역사의 원저자라고 할 수 있는 요세푸스의 《유대 고대사》, 역사저술의 거인으로 불리는 폴 존슨의 《폴 존슨 유대인의 역사》, 32년간 유대인을 직접 만나고 경험을 바탕으로 저술한 홍익희 교수님의 《유대인 이야기》, 성경연구의 세계적인 권위자인 존 드레인의 《성경의 탄생》, 랍비인 마빈 토카이어의 《탈무드와 모세오경》, 헨리에타 미어즈 목사님의 《그림으로 읽는 핵심 성경》, 존 파이퍼의 《시편을 마음에 채우다》, 유진 피터슨 목사님의 《메시지 모세오경》, 이종호 목사님의 《콕 짚어주는 성경풀이》, 테리 홀 목사님의 《성경 파노라마》, 한기채 목사님의 《지명을 읽으면 성경이 보인다》 및 《성경을 꿰뚫어라》, 홍성건 목사님의 《쉐마 말씀학교》, 강하룡 목사님 외 7인이 쓴 《성경 100배 즐기기(구약편, 신약편)》, 고대 페르시아 역사부분에 있어 국내 권위자인 유흥태 박사님의 《고대 페르시아의 역사》, 두란노에서 출판한 《두란노 성서지도(Holman Bible Atlas)》, 오광만 교수님의 《성경 2.0 쉬운 지도》, 크리스토퍼 D. 허드슨의 《한눈에 보는 성경, 인물, 지리, 사건》, 강준민 목사님의 《성경 암송과 거룩한 습관》, 대한예수교장로회 총회교육자원부에서 발간한 《믿음의 이야기 신구약(성경통신과 초급과정)》과 《장로·전도사·신학후보생 종합고시》 문제집, 방선오 장로님의 《일터행전》, 미션파트너스 한철호 대표님의 《한철호의 선교아이디어 51》 등의 서적을 참고하였습니다.

고린도교회는 **교회분쟁**이 발단이 되어 이야기가 전개됩니다. 갈라디아서는 **할례와 율법주의**가 문제가 되어 바울이 편지를 씁니다. 데살로니가전·후서는 **예수재림**에 대한 내용이 핵심입니다. 누가복음은 특히 예수님의 **비유 설명**이 많습니다. 레위기는 **제사와 제사장**에 관한 내용이 Key-Word입니다. 여호수아서는 **12지파**가 매우 중요합니다. 사사기는 **12명의 사사**가 이야기의 중심입니다. 역대상은 사무엘하와 내용이 비슷하고 **다윗에 대한 이야**

기입니다. 베드로후서, 요한2서, 유다서는 **거짓교사**가 이야기를 이끌어 가는 중심 단어입니다. 골로새서는 **예수님과 성도들의 실천**이 중요 핵심주제입니다. 오바댜서는 **에돔의 멸망**이 주제입니다. 사무엘상은 **사무엘, 사울, 다윗의 이야기**입니다. 아모스서는 **심판**이 전체 내용의 핵심 단어입니다. 각 성경마다 단초가 되는 핵심 단어나 내용이 있습니다. 그 단어나 내용을 까먹지 않도록 의미상 문장을 만들어 외우는 것이 **《첫 글자를 알면 성경이 보인다》**의 핵심입니다. 수십 년간 성경공부를 하지만 역대상은 어떤 내용이 있는지? 에스겔서에서는 무엇을 강조하고 있는지? 요한계시록은 어떤 내용을 담고 있는지? 말라기서는 무엇을 말하고 있는지? 전혀 모릅니다. 아니 모르는 게 아니고, 분명 한 번 정도는 공부를 했거나 설교를 들었지만 기억하지 못할 수도 있습니다. 그래서 해마다 반복을 합니다. 분명 반복이 중요합니다. 그러나 최소한 불신자들에게 말씀을 전하기 위해서는 성경내용은 머릿속에 있어야 합니다. 목사님의 설교가 내 삶에서 살아 있는 기준이 되기 위해선 성경말씀이 내 가슴에 있어야 합니다. 일주일만 지나면 무엇을 배웠는지 알 수 없다면 가르치는 강사나 목회자나 배우는 성도나 모두 새로운 강의방법이나 학습방법을 고민해 보아야 합니다. 분명 정확한 의미를 전달했지만 학습자가 또는 성도가 머릿속에 남아 있지 않다면, 가르치는 방법이나 학습방법에 새로운 변화를 시도해 볼 필요가 있습니다. 그런 의미에서 본인이 쓴 이 책이 조금이나마 해답을 줄 수 있을 거라 생각합니다. 성경의 줄기를 알고 있는 것과 모르는 것은 천지 차이입니다. 그래서 조병호 목사님은 《성경줄기》라는 책을 썼습니다. 성경을 묵상할 때도 성경의 시대적인 배경을 알고 묵상하는 것과 모르고 묵상하는 것은 완전히 새로운 해석이 나올 수 있습니다.

저자가 만든 의미상의 문장들, 의미가 없이 앞 글자를 나열하여 만든 문장들이 다소 유치하기도 하고, 처음엔 외우는 것도 어려울 수 있습니다. 책을 읽는 독자들이 더 좋은 의미상의 문장들을 만들 수 있습니다. 고민 고민 끝에 만들었지만 제가 만든 문장이 최고가 아닙니다. 새로운 문장을 만드는 작업은 매우 의미 있는 작업입니다. 왜냐하면 그런 작업을 하다가 보면 성경을 더 깊이 공부하게 됩니다. 성경의 줄거리를 모르면 의미상의 문장을 만들 수도 없습니다. 저자는 성경 중에서도 난해한 에스겔서나 다니엘서, 요한계시록은 암송할 수 있는 방안을 찾기 위해 수차례 반복하여 정독하였습니다. 성경을 하룻밤에 400~500장을 읽은 적도 여러 번 있습니다. 성경을 읽을 때마다 궁금증이 들며, 재미가 느껴집니다. 그러다 보니 계속 읽게 됩니다. 하나님의 말씀을 그냥 읽는 것보다 저와 같이 의미상의 문장을 만들기 위해 읽는다든지, 아니면 특별한 목표를 두고 읽으면 지루하지 않고 즐겁게 읽을 수 있습니다. 나는 성경을 올해 10번 읽었어! 5번 읽었어! 하면서 자랑하시는 성도님들을 간혹 봅니다. 분명 자랑거리입니다. 그런데 성경내용은 얼마나 알고 있는지 묻고 싶습니다. 많이 읽은 것이 중요한 게 아니고 시대적 배경을 알고 성경 기록자의 의도를 얼마나 알고 있는지, 얼마나 정확히 그리고 얼마나 오랜 기간 알고 있는지가 중요합니다. 그리고 읽은 성경말씀을 어떻게 삶에 실천하고 있는지가 중요합니다. 아무쪼록 본인이 쓴 이 책이 성도님들에게 크게 유익을 줄 수 있었으면 좋겠습니다. 제가 쓴 이 책을 펼쳐 놓고 성경과 비교하면서 같이 읽으시면 이해에 더욱 도움이 될 수 있습니다. 그러면서 제 책에 독자들의 의견을 첨삭하십시오. 쉽고 이해가 빠른 새로운 의미상의 문장을 삽입하십시오. 그럼 흥미롭게 성경을 읽을 수 있습니다. 기타 궁금하신 사항이나 설명이나 요구사항이 있으시면 언제든지 연락해 주시기 바랍니다.

밖으로는 아직도 러시아와 우크라이나 전쟁이 계속되고 있습니다. 하마스와 이스라엘 간의 전쟁도 마찬가지입니다. 중국과 대만 간의 갈등도 만만치 않습니다. 남한과 북한과의 사이도 더욱더 멀어져 가는 듯한 느낌이 듭니다. 이렇게 어지러운 국제 정세 속에서 안으로는 여야, 좌파, 우파 온 나라가 이념과 정치로 반반 나뉘어져 있습니다. 대통령 지지자들과 대통령을 자리에서 끌어내리고자 하는 국민이 극렬하게 대치 중에 있습니다. 현재와 미래를 놓고 건설적인 고민은 하지 않고 과거를 놓고 옳고 그름을 얘기해 봐야 답이 나오지 않습니다. 왜냐하면 똑같은 역사적 사실도 해석하는 방법과 사람이 천차만별이기 때문입니다. 그렇다고 역사를 부인하는 것은 아닙니다. 교훈적인 역사는 본으로 삼고 아픈 역사는 반면교사로 되풀이하지 않으면 됩니다. 아직도 유대인들은 예수님이 십자가에 돌아가시고 3일 만에 부활하심을 믿지 않고 있습니다. 그들에게 예수님은 아직도 선지자이고 랍비일 뿐입니다. 결국은 해답은 하나입니다. 하나님의 강권적인 역사밖에는 없습니다. 믿는 이들을 혹독하게 박해했던 바울은 예수님을 위해 목숨을 버리기까지 했던 성령의 역사입니다. 정치든, 경제든 결국 하나님께서 해결하실 것입니다. 그리고 우리는 하나님께서 말씀하신 성경을 열심히 실천하고 배우고 가르쳐야 합니다. 나라와 백성 간 소통의 유일한 길은 하나님 말씀밖에는 없습니다. **《첫 글자를 알면 성경이 보인다》**가 나라를 살리고 답답한 국민들의 마음을, 성도들의 마음을 뻥 뚫어 줄 작은 소망이자 밑거름이 되길 간절히 바랍니다.

마지막으로 이 책이 나오기까지 물심양면으로 도움을 주신 존경하는 이중삼 원로목사님, 유재경 위임목사님, 서평화 목사님, 장상철 목사님, 조병호 목사님, 박한수 목사님, 홍용훈 목사님, 김현진 목사님, 한충원 목사님, 황태연 목사님, 안영준 목사님, 유경수 목사님, 최용훈 목사님, 유병관 전도사님, 안영미 전도사님, 김다솔 전도사님, 방명걸 장로님, 이종익 장로님, 공홍진 장로님, 송용범 장로님, 이상욱 장로님, 유정훈 장로님, 정완규 장로님, 정상기 장로님, 노병훈 장로님, 이훈영 장로님, 정대건 장로님, 김성민 권사님, 복순자 권사님, 손정숙 권사님, 김병화 권사님, 최순재 집사님, 안

영석 집사님, 박근수 집사님, 김인호 집사님, 백성현 집사님, 이병묵 집사님, 박희찬 집사님, 서준원 집사님, 이정희 집사님, 윤인경 집사님, 김수희 집사님, 김연희 집사님, 이종태 집사님, 박국필 집사님, 안도균 집사님, 최문석 성도님, 그리고 사랑하는 아내에게 감사의 마음을 전합니다. 그림 자료를 무료로 공유하여 주신 네이버 블로그의 기다리는 마음님에게 진심 어린 감사의 인사를 드리며, **이 글을 읽는 모든 성도님들의 앞길에 하나님의 축복과 은혜가 가득하시길 기도드립니다. 아멘.**